네 하나님께 닻을 내려라

고난을 축복으로 바꾸는 소망의 비밀

네 하나님께 닻을 내려라

찰스 스펄전 지음
김병길 옮김

좋은씨앗

소망의 하나님이 모든 기쁨과 평강을
믿음 안에서 너희에게 충만하게 하사
성령의 능력으로 소망이
넘치게 하시기를 원하노라.

로마서 15:13

목차

1장 소망과 구원의 확신 ……………… 9

2장 소망, 내 영혼의 닻 …………… 42

3장 소망의 노래 ……………… 75

4장 기억, 소망의 조력자 …………… 103

5장 바랄 수 없는 중에 바라는 소망 ……… 137

6장 성령 충만과 영광의 소망 …………… 166

1장_ 소망과 구원의 확신

1881년 8월 28일 주일 아침
No.1616

> 우리가 소망으로 구원을 얻었으매 보이는 소망이 소망이 아니니 보는 것을 누가 바라리요 만일 우리가 보지 못하는 것을 바라면 참음으로 기다릴지니라.(롬 8:24-25).

오늘 본문을 보면 "우리가 소망으로 구원을 얻었으매"(we are saved by hope)라고 번역되어 있습니다. 그러나 이 번역은 성경의 다른 부분과 일치하지 않습니다. 성경은 모든 곳에서 "우리가 믿음으로 구원을 얻었으매"(we are saved by faith)라고 말하기 때문입니다. 로마서 5장 1절을 보면 "그러므로 우리가 믿음으로 의롭다 하심을 받았으니"라고 되어 있습니다. 소망이 아니라 바로 믿음이 구원하는 은혜입니다.

그러므로 오늘 본문을 "우리가 소망 가운데서 구원을 얻었으매"(we were saved in hope)라고 번역하는 것이 맞습니다. 즉 우리가 구원을 얻어 소망 있는 자가 되었다는 말입니다. 이렇게 번역하면 소망을 구원의 수단으로 생각하는 오류를 피할 수 있습니다. 탁월한 주석가 벵겔(Bengel)이 이 구절을 잘 설명해 줍니다. 벵겔은 이렇게 말합니다. "이 구절은 구원의 수단이 아니라 구원의 방식을 말한다. 즉 믿음으로 구원을 얻되 우리는 여전히 소망할 무엇이 남아 있는 채로 구원을 얻는다. 그리고 그것은 구원과 영광에 대한 소망이다." 신자들은 그들 믿음의 결국, 곧 영혼의 구원을 얻는데 그 구원은 은혜로 되게 하려고 믿음에서 난 것입니다(롬 4:16). 즉 그들은 믿음으로(by faith) 그리고 소망 가운데서(in hope) 구원을 얻습니다.

이처럼 신자는 지금 이 순간 구원을 얻으며, 어떤 의미에서 완전히 구원을 얻습니다. 그는 죄책에서 온전히 구원을 받습니다. 주 예수님께서 그의 죄를 짊어지고 십자가에서 죄값을 지불하심으로 하나님께서 흠향하실 만한 속죄를 드리셨기에 그분에게 속한 모든 백성의 죄책은 단번에 그리고 영원히 제거됩니다. 믿음으로 우리는 단번에 죄의 오염으로부터 구원받아 우리 아버지 하나님께 나아갈 자유를 얻습니다. 믿음으로 우리는 우리 지체 가운데서 역사하는 죄의 권세에서 건짐을 받습니다. 로마서 6장 14절이 말하는 것처럼, 죄가 우리를 주관하지 못합니다. 우리는 이제 법 아래 있지 않고 은혜 아래 있기 때문입니다.

우리를 지배하던 죄의 왕관은 이제 제거되었습니다. 우리를 지배하던 죄의 권능의 팔은 믿음으로 인해 우리 심령 속에서 산산조각

났습니다. 죄는 우리를 지배하려 애쓰지만 더 이상 우리를 정복할 수 없습니다. 하나님에게서 난 자는 죄를 범하는 것을 기뻐하거나 습관으로 삼지 않으며, 죄로부터 자신을 깨끗하게 하므로 악한 자가 그를 만지지도 못합니다. 죄의 벌도 우리의 위대한 대속주께서 짊어지셨습니다. 우리는 믿음으로 그분의 대속을 받아들입니다. 그래서 그리스도 예수를 믿는 자는 결코 정죄를 받지 않습니다. 우리는 이 순간에도 예수 그리스도 안에 있는 구원으로 인해 즐거워합니다.

그런데 우리에게는 이보다 더 큰 구원의 소망이 있습니다. 그것은 넓은 의미의 구원으로서 우리가 아직 눈으로 보지 못합니다. 우리가 지금은 장막 속에 있고, 짐 진 자처럼 탄식하고 있기 때문입니다(고후 5:4). 주변의 모든 피조물들도 우리와 함께 신음합니다. 도처에서 해산의 고통과 피조물들의 탄식이 들려옵니다. 현재의 이런 상태는 하나님께서 처음에 창조하신 모습이 아닙니다. 밭에는 가시덤불이 있고, 꽃에는 병충해가 들며, 벼에는 병이 생깁니다. 하늘에서 폭우가 쏟아져 농작물에 막대한 피해를 입힙니다. 지진이 발생해 도시들이 파괴됩니다. 빈번한 자연재해와 재난은 신음하는 이 세계의 앞날이 어두우리라는 것을 보여 주는 전조입니다. 이 세상에 낙원은 없습니다. 우리가 가지고 있는 최선의 것들도 실은 누더기에 불과합니다.

모든 피조물들이 우리와 함께 고통하며 신음합니다. 성령의 첫 열매를 받고, 그렇게 복 받고 구원받은 우리도 여전히 속으로 탄식하면서 보이지 않는 영광을 기다립니다. 우리는 아직 모든 것을 얻지 않았습니다. 아직도 푯대를 향해 달려가고 있습니다. 죄인이었을 때 느꼈던 영혼의 처음 갈증은 해소되었지만 우리 안에 더 큰 갈증이 남아 있습니다. 우리는 여전히 의에 주리고 목이 마릅니다. 하늘의 떡을 먹기 전에는 돼지가 먹는 쥐엄열매로 만족했지만, 이제 거듭난 후로는 이 세상의 것으로는 채울 수 없는 새로운 식욕이 생겼습니다.

우리가 이렇게 배고픈 이유는 무엇일까요? 이 질문에 어렵지 않게 대답할 수 있습니다. 우리가 느끼는 슬픔과 갈망 그리고 채워지지 않는 열망은 두 가지로 요약할 수 있습니다.

첫째, 우리는 모든 죄에서 완전히 자유롭게 되기를 원합니다. 이 세상의 죄악은 우리의 짐입니다. 우리는 사람들의 경건하지 못한 대화에 심령이 상하며, 그들의 유혹과 핍박에 슬픔을 느낍니다. 이 세상이 악한 자 안에 있다는 사실, 그리고 사람들이 그리스도를 배척하며 지옥을 향해 가고 있다는 사실 앞에서 우리의 심령은 괴로워합니다. 다윗이 "메섹에 머물며 게달의 장막 중에 머무는 것이 내게 화로다"(시 120:5)라고 탄식하던 심정을 우리도 똑같이 느낍니다. 멀리 떨어진 광야로 나가 오두막에 살면서 하나님과 친밀한 교제를 나누며 사람들의 불경건과 죄악에 대해서는 더 이상 듣지 않았으면 하는 것이 우리의 바람입니다.

이 세상은 우리의 안식처가 아닙니다. 세상은 죄로 오염되어 있습니다. 우리는 이 세상을 떠나 주님과 함께 거하게 될 큰 구원을 바라봅니다. 그러나 우리 안에 거하는 죄로부터 온전히 구원받아야 할 필요에 비하면, 경건하지 않은 자들의 존재는 작은 문제에 불과합니다. 우리 안에 거하는 죄는 겉으로는 보이지 않습니다. 사람이 모든 죄성에서 자유로워지면 더 이상 유혹에 노출되거나 굴복하지 않을 것입니다. 타거나 그을릴 게 없는 사람은 불을 두려워할 필요가 전혀 없을 테니 말입니다. 그러나 우리는 여전히 유혹을 피해 다녀야 합니다. 우리 안에 아직도 인화성 물질이 남아 있기 때문입니다.

우리 주님은 "이 세상의 임금이 오겠음이라 그러나 그는 내게 관계할 것이 없으니"(요 14:30)라고 말씀하셨습니다. 그러나 사탄이 오면 그는 우리 안에서 죄뿐만 아니라 그의 목적에 적합한 악한 것들을 무수히 찾아낼 것입니다. 우리 마음은 너무 쉽게 사탄의 꼬임에 넘어갑니다. 사탄이 우리 마음속에 가라지 씨앗을 뿌리면 우리의 마음밭은 순식간에 가라지로 뒤덮입니다. 죄악은 거듭난 성도 속에도 여전히 남아 있습니다. 그것이 우리 마음의 모든 기능을 더러움으로 물들입니다.

우리가 죄를 생각지 않을 수 있다면 얼마나 좋겠습니까? 음란한 노래와 더러운 말을 뱉지 않을 수 있다면 얼마나 좋겠습니까? 죄를 상상하지도 않을 수 있다면 얼마나 좋겠습니까? 우리가 생각과 상상만으로도 얼마나 많이 죄를 짓는지 아십니까? 차마 행동에 옮기지는 않더라도 생각으로는 마음껏 죄를 짓는 것이 우리입니다. 행하지는 않더라도 생각으로는 죄를 탐닉하면서 음란과 간음과 절도와 살인 같은 온갖 죄를 짓는 것이 바로 우리입니다. 우리의 생각과 내면의 모든 영역이 죄에 물들지 않고 온전히 정결하게 되어 더 이상 죄를 짓지 않을 수 있다면 얼마나 좋겠습니까? "오호라 나는 곤고한 사람이로다 이 사망의 몸에서 누가 나를 건져내랴"(롬 7:24)라고 날마다 탄식하게 만드는 죄가 우리 안에 있습니다.

우리 가운데 "나는 그런 탄식을 한 적 없소"라고 말하는 사람이 있다면, 하나님께서 오히려 그를 곧 그렇게 만들어 주시기를 기도합니다. 그런 탄식조차 하지 않은 사람은 진정한 거룩함에 대해 아는 바가 전혀 없는 사람이기 때문입니다. 정상적인 어린아이가 성장하듯 하나님의 자녀들도 성장하게 되어 있습니다. 마음이 정결해지면 정결해질수록 우리는 사소한 죄에 대해서도 슬퍼하게 되며, 예전에는 변명하기 급급했던 일들을 죄라고 느끼게 됩니다. 예수 그리스도를 닮은 사람은 자신의 죄성을 크게 느끼며, 아주 작은 허물에 대해서도 슬퍼하게 마련입니다. 우리 가운데 "나는 온전히 이루었다"라고 말하는 사람이 있다면, 그는 아직 시작도 하지 않은 것입니다.

저 역시 개인적으로 죄로 인해 많은 고통을 느끼며, 예전보다 훨씬 더 많이 슬퍼하고 있습니다. 하지만 저는 제가 성화될 것이라는 확실한 소망을 가지고 있습니다. 이런 소망이 없다면 제가 죄성을 느끼고, 제 자신이 죄의 욕망으로 가득 차 있음을 안다는 것 자체가 크나큰 비극일 것입니다. 바로 이것이 우리가 신음하는 큰 이유 중 하나입니다. 우리는 구원을 얻었습니다. 그러나 구원을 모두 얻은 것이 아니며 거룩함에 도달한 것도 아닙니다. 가야 할 길이 멉니다.

둘째, 우리가 만족함을 느끼지 못하는 또 다른 이유는 우리의 육체에 있습니다. 사도 바울은 몸을 가리켜 '악한 몸'이라고 말했습니다. 예수 그리스도의 형상으로 재창조될 부활의 몸과 비교할 때 우리의 몸은 진정 악합니다. 물론 우리의 몸 자체가 악한 것은 아닙니다. 우리의 몸은 하나님께서 놀랍게 창조하신 것으로서 똑바로 서서 걷고, 하늘을 바라볼 수 있도록 존귀하게 지음 받았습니다. 몸은 영혼의 집이며, 영혼의 명령을 수행하도록 멋지게 지어졌습니다. 성령의 전(殿)인 우리 몸은 결코 악하지 않습니다. 그러니 우리의 몸을 멸시해서는 안 됩니다.

우리는 장차 예수 그리스도 안에서 새사람으로 창조될 것입니다. 이것은 주님께 영원토록 감사해야 할 부분입니다. 아담의 타락으로 인해 우리의 몸은 죽을 운명이 되었습니다. 지금도 그렇고, 앞으로도 그럴 것입니다. 결국 우리의 몸은 죽어서 썩을 것입니다. 그러나 이것이 전부가 아닙니다. 우리의 몸은 부활의 몸으로 변화될 것입니다. 혈과 육으로는 하나님의 나라를 유업으로 받을 수 없기 때문입니다.

거듭난 영혼이 거듭나지 않은 몸을 입고 있다는 것은 얼마나 슬픈 일인지요! 거듭난 영혼이 죽을 몸에 거하는 것은 얼마나 슬픈 일인이지요! 고통과 질병에 노출되어 있고, 수면과 의식주가 필요하고, 피로와 추위, 열기, 사고, 부패에 예속된 몸이 우리 영혼의 종이라니 참으로 안타까운 일입니다. 연약한 몸 때문에 우리 영혼이 불꽃처럼 활활 타오르지 못하고 사그라지는 일이 얼마나 많은지 모릅니다. 육체의 고통과 연약함에 치여 우리 영혼의 기쁨이 얼마나 자주 얼어붙는지 모릅니다. 우리는 언제 이 몸의 사슬에서 벗어나 신령한 몸을 입고 혼인 예식에 참예하게 될까요? 죄가 여전히 우리의 마음과 육체에 거하고 있지만, 그래도 처음 믿을 때보다 구원이 우리에게 더 가까이 있습니다. 그렇기에 우리는 즐거워합니다. 또한 그 구원에 들어갈 날을 사모합니다.

바로 그런 의미에서 오늘 본문은 우리에게 활력을 불어넣어 줍니다. 우리는 신음하는 이 상태에서 벗어나 온전히 구원받게 될 것입니다. 우리가 바라고 열망하는 모든 영역에서 이루어지는 구원입니다. 영원하고도 방대한 구원이 우리를 기다리고 있습니다. 우리가 바랄 수 있는 모든 것을 망라하는 구원입니다. "우리가 소망 가운데서 구원을 얻었으매"(we were saved in hope)라는 오늘 본문은 바로 이 점에 대해 말하고 있습니다.

우리는 이 영광스러운 구원을 소망으로 붙잡은 자들입니다. 그러니 온 힘을 다해 하나님께 영광을 돌립시다. 이제 좀 더 자세히 우리가 기다리는 구원의 소망에 대해 살펴보겠습니다.

우리가 소망하는 것들

앞에서 저는 이미 우리가 소망하는 주요 내용에 대해 말씀드렸습니다. 무엇보다 우리는 우리 자신이 온전히 거룩해질 것을 소망합니다. 우리는 거룩함을 향해 나아가는 사람들로서 하나님의 은혜로 온전한 거룩함에 이르기 전까지 결코 쉴 수 없습니다. 우리 안에 거하는 모든 죄는 앞으로 정복될 뿐만 아니라 소멸될 것입니다. 하나님의 은혜는 우리가 우리의 연약함과 죄성을 감추기보다는 드러내도록 도와줍니다.

여호수아가 막게다의 굴로 가서 다섯 왕들에게 행한 것처럼 우리도 죄를 그렇게 엄격하게 다루어야 합니다. 전쟁을 수행 중이던 여호수아는 일단 "굴 어귀에 큰 돌을 굴려 막으라"고 명했습니다(수 10:18). 동굴 안에 갇힌 다섯 왕들처럼 지금 우리의 죄는 억제하는 은혜로 인해 갇혀 있는 상태입니다. 큰 돌이 죄의 굴 입구를 막고 있습니다. 죄는 할 수만 있다면 도망치려 하고, 고삐가 풀릴 경우 우리에게 이전보다 더 큰 해를 입힐 수 있기 때문에 그렇게 막아 놓아야만 합니다. 그런데 죄를 가둬 두는 데서 머물러서는 안 됩니다. 우리는 성령의 도움을 받아 죄를 더 효과적으로 처리할 수 있어야 합니다. 여호수아는 "그 다섯 왕들을 내게로 끌어내라"(수 10:22)고 말한 후 그들의 목을 밟고 쳐 죽여 나무에 매달았습니다. 우리의 모든 죄성을 하나님의 은혜로 완전히 정복하기 전까지 결코 만족해서는 안 됩니다. 과거에 지은 죄의 흔적뿐만 아니라 미래에 나타날 그 어떤 죄성도 우리 안에 남아 있지 않은 날을 기대해야 합니다. 그날에도 우리는 자유의지가 있겠지만 선한 것만 선택할 것입니다. 하늘의 성도들은 외부의 강요에 못 이겨 어쩔 수 없이 선한 것을 선택하는 수동적인 존재가 아닙니다. 그들은 주체할 수 없는 구원의 기쁨을 누리며 주님 앞에서 거룩한 이들이 될 것입니다.

하나님의 자녀들이 누리는 자유는 마땅히 선택해야 할 선한 것을 늘 즐거워하는 가운데 선택하는 데 있습니다. 우리는 바로 그런 자유와 그에 따른 영원한 행복을 영원토록 누리게 될 것입니다. 우리의 영적 무지도 사라질 것입니다. 주님이 우리를 아시는 것처럼 이제 우리도 주님을 알게 될 것입니다. 결국 우리는 모든 이기심과 정욕으로부터 온전히 구원받아 하나님의 형상을 입게 될 것입니다.

그때 우리도 아이작 와츠(Isaac Watts, 1674-1748, 영국 찬송가의 아버지)처럼 고백하게 될 것입니다.

> 예전에 나의 가장 큰 적이었던 죄
> 이제 더 이상 내 눈과 귀를 괴롭히지 못하리라.
> 장차 나의 모든 죄성도 모두 정복되리니
> 이제 더 이상 사탄이 내 평강을 깨지 못하리라.

이 얼마나 놀라운 천국입니까? 죄성에서 온전히 구원받게 된다면 이 땅에 있든, 천국에 있든, 요나처럼 바다 밑 물고기 뱃속에 들어 있든, 예레미야처럼 깊은 물 웅덩이에 던져지든 어디서 사느냐는 전혀 문제되지 않습니다. 마음이 청결한 것이 평강입니다. 거룩한 것이 행복입니다. 하나님이 거룩하신 것처럼 거룩한 사람이 장차 하나이 행복하신 것처럼 행복한 사람이 될 것입니다. 이것이 바로 우리가 가지고 있는 큰 소망 중 하나입니다.

우리가 소망하는 또 다른 것은 몸의 구속입니다. 바울이 이 진리에 대해 가르치는 구절들을 읽어 보십시오. "또 그리스도께서 너희 안에 계시면 몸은 죄로 말미암아 죽은 것이나 영은 의로 말미암아 살아 있는 것이니라 예수를 죽은 자 가운데서 살리신 이의 영이 너희 안에 거하시면 그리스도 예수를 죽은 자 가운데서 살리신 이가 너희 안에 거하시는 그의 영으로 말미암아 너희 죽을 몸도 살리시리라"(롬 8:10-11).

우리는 죽을 때 몸을 완전히 떠나는 것이 아니라 잠시 떠날 뿐입니다. 전인(全人)의 관점에서 보면, 우리는 죽은 후 천국에서 살 때가 아니라 부활할 때 비로소 온전한 사람이 됩니다. 우리가 죽어서 천국에 갈 때의 상태를 보면, 도덕적으로는 온전한 사람일는지 모르지만 육체적으로는 그렇지 않습니다. 온전한 사람이란 영혼뿐 아니라 몸을 가진 전인을 가리키는데, 우리의 몸은 아직 무덤에 머물러 있기 때문입니다.

부활의 나팔 소리가 울려 퍼질 때 우리 몸도 부활할 것입니다. 그런데 그때는 구속 받은 몸으로 부활할 것입니다. 거듭난 영혼이 죄의 지배를 받는 영혼과 다른 것처럼 부활한 몸도 현재의 몸과는 많이 다를 것입니다. 육체적으로 연약해 아프고 병드는 일은 영광 받은 자들 가운데서 사라질 것입니다. 영화롭게 된 성도들은 하나님의 천사들과 같다고 했습니다. 누구든지 장애 없이 온전한 몸으로 영광 가운데 들어갈 것입니다. 그곳에는 시각장애인이나 청각장애인이 단 한 명도 없을 것입니다. 마비에 걸렸거나 쇠약한 사람도 없을 것입니다. 그곳에서 우리는 영원토록 청춘일 것입니다.

약했던 몸은 강한 몸으로 부활해 천사들처럼 날아다니면서 주님의 일을 수종 들게 될 것입니다. 바울은 "육의 몸으로 심고 신령한 몸으로 다시 살아나나니"(고전 15:44)라고 말합니다. 제 생각에, 우리는 바람을 날개 삼아 날아다니는 천사들인 그룹들(Cherub)이나, 여호와 하나님의 명령을 화염처럼 즉시 수종 드는 천사들인 스랍들(Seraph)이 입은 몸처럼 될 것 같습니다. 현재의 몸은 많이 변화될 것입니다. 현재의 몸은 흙 속에 묻혀 있는 씨앗과 같습니다. 그 몸은 장차 영광스러운 꽃, 여호와 하나님의 얼굴빛을 반영하는 황금 잔으로 다시 피어날 것입니다. 우리는 장차 누릴 영광이 얼마나 큰지 미처 다 알 수 없습니다. 다만 우리의 몸이 주 예수 그리스도의 영광스러운 몸처럼 변화되리라는 것만 압니다. 순결한 영혼에 어울리는 영광스러운 몸을 입는 것, 이것이 우리가 두 번째로 소망하는 바입니다.

또 다른 관점에서, 우리는 장차 유산을 받게 되리라는 소망도 가지고 있습니다. 바울은 "자녀이면 또한 상속자 곧 하나님의 상속자요 그리스도와 함께한 상속자니"(롬 8:17)라고 말합니다. 이 세상에서 아무리 막대한 유산을 가지고 있다고 한들 그것은 우리가 장차 누리게 될 유산과 비교하면 아무것도 아닙니다. 하나님의 충만함이 성도들이 받게 될 유산입니다. 사람을 복되고 고귀하게 만드는 모든 축복이 우리를 위해 예비되어 있습니다.

할 수만 있다면 만유의 후사인 그리스도의 유업을 측량해 보십시오! 지극히 높으신 하나님의 사랑을 받은 아들 예수님의 유업은 얼마나 될까요? 얼마나 되었든 간에 그것은 우리의 것입니다. 우리는 그리스도의 공동 상속자들이기 때문입니다. 우리는 장차 주님과 함께 거하면서 주님의 영광을 보게 될 것입니다. 주님의 형상을 입게 될 것입니다. 주님의 보좌에 앉게 될 것입니다.

말재주가 부족해 이 소망이 얼마나 크고 귀한지 더 이상 말씀 드리기 어렵지만, 저는 간절히 바랍니다. 성경이 이 소망에 대해 계시한 모든 진리를 온전히 알게 될 때까지 그것들을 묵상하시기 바랍니다. 우리의 소망은 모든 축복을 바라봅니다. 기쁨의 강물이 하나님의 우편에서 우리에게로 영원히 흘러넘칠 것입니다.

바울은 "장차 우리에게 나타날 영광"(롬 8:18)에 대해 말합니다. 고린도후서 4장 17절에서는 그것을 "지극히 크고 영원한 영광의 중한 것"이라고 말합니다. 영광이란 단어는 얼마나 놀라운 말인지요! 영광! 그렇습니다. 그 영광이 장차 우리의 것이 됩니다. 현재 우리가 죄인 중의 괴수라 할지라도 그 영광은 장차 우리의 소유가 될 것입니다. 은혜 앞에서 우리의 심령은 전율합니다. 영광 앞에서는 얼마나 더 전율하겠습니까? 그 영광은 장차 우리 안에, 우리 주변에, 우리 위에, 우리 가운데 영원히 나타날 것입니다.

바울은 또한 "하나님의 자녀들의 영광의 자유"(롬 8:21)에 대해 말합니다. 자유, 그 얼마나 매력적인 말입니까? 폭군과 싸워 승리한 사람들은 자유를 알리는 나팔 소리를 들으며 감격스러워 합니다. 이 세상의 자유도 그러한데, 하물며 천국의 나팔들이 모든 영적 노예들에게 영원한 희년을 선포할 때 얼마나 감격스러울지 생각해 보십시오! 자유, 그것은 하나님의 자녀들이 누릴 자유입니다! 지성소에 들어갈 자유, 하나님의 보좌 앞에 거할 자유, 그리고 영원토록 하나님의 얼굴을 볼 자유입니다.

사도 바울은 또한 "하나님의 아들들이 나타나는 것"(롬 8:19)에 대해 말합니다. 보석함에 들어 있는 보석처럼 우리는 이 세상에서 그리스도 안에 감추어져 있습니다. 그러나 머잖아 면류관에 박힌 보석처럼 밝히 나타나게 될 것입니다. 그리스도가 얼마간 감추어져 있다가 때가 되어 이방인들에게 자신을 계시하신 것처럼, 우리도 지금은 감추어져 있지만 장차 사람들과 천사들 앞에 환하게 나타나게 될 것입니다. 그때에 의인들은 아버지 나라에서 해같이 빛날 것입니다.

사랑하는 성도 여러분, 장차 우리가 나타나게 될 일을 저는 말로 설명할 수 없습니다. 그것은 우리 사람의 눈으로 본 적이 없는 것이며, 귀로 들은 적이 없으며, 마음으로 생각해 본 적도 없는 것입니다. 하나님께서 이것을 성령으로 계시해 주셨지만, 우리의 심령은 계시의 일부분만 이해할 수 있을 뿐입니다. 제 생각에는, 천국을 본 사람만이 천국이 어떠한지 말해 줄 수 있을 것 같습니다. 아니, 그 사람도 천국을 모두 표현하지 못할 것 같습니다. 인간의 언어로는 천국의 영광을 표현하는 데 한계가 있기 때문입니다.

바울은 낙원에 갔을 때 형용할 수 없는 기이한 말들을 들었습니다. 하지만 그는 그것들을 우리에게 말하지 않습니다. 그것들은 인간이 가히 이를 수 없는 것들이었기 때문입니다. 그 말들은 하나님의 것으로서 인간의 언어로는 표현이 불가능합니다. 아직은 우리가 표현할 수 없습니다. 아직은 그렇습니다. 그러나 머잖아 우리가 소망했던 것들이 밝히 드러나게 될 것입니다.

소망이 멀리 있다고 생각지 마십시오. 시간은 금방 흘러 갑니다. 그렇습니다. 정말이지 금방 흘러 갑니다. 우리가 장차 부활의 영광을 얻을 텐데 그까짓 몇 달이나 몇 년을 못 기다리겠습니까? 아니, 몇백 년인들 못 기다리겠습니까? 시간은 쏜살같이 지나갑니다! 머잖아 보이지 않던 것들이 보이게 될 것입니다. 이를 수 없었던 말들이 들리게 될 것입니다. 영원한 것들이 영원토록 우리의 것이 될 것입니다. 이것이 우리가 소망하는 바입니다.

소망의 특징

이제 소망의 특징에 대해 생각해 봅시다. 우리는 구원을 얻어 소망이 있는 사람들이 되었습니다. 우리의 소망은 세 가지 특징이 있는데 믿음과 열망과 기대가 그것입니다. 우리의 소망, 즉 우리 영혼이 죄에서 구원받아 정결한 영혼이 되는 것과 우리 육체가 모든 연약함으로부터 구원받아 영광스러운 몸이 되는 것은, 그것이 반드시 그렇게 되리라는 확신에서 나옵니다. 예수님께서 생명과 썩지 않을 것과 영생을 나타내 보여 주셨는데, 그것이 바로 우리도 그와 같은 영광과 영생을 얻게 될 것을 증거합니다. 그리스도의 형상으로 부활하고, 그리스도의 영광에 참여하는 것, 그것이 우리의 소망입니다. 그리스도는 부활한 후 영화롭게 되셨고, 우리는 그리스도와 하나 된 자이기 때문입니다.

우리는 그와 같이 되기를 열렬히 소망하고 있습니다. 빨리 죽어서 영광에 참여하고 싶을 만큼 그와 같이 되기를 열망합니다. 그리스도의 영광을 맛보아 알 때마다 주님과 함께 있고 싶은 열망은 커져만 갑니다. 이런 열망에는 확신에 찬 기대가 따르기 마련입니다. 태양이 날마다 떠오르는 것을 자연스럽게 기대하듯이 우리는 그리스도의 영광을 보고 그 영광에 참여하게 되기를 기대합니다. 태양은 혹시 뜨지 않는 날이 있을지언정 우리는 천국에서 만왕의 왕의 빛나는 얼굴만큼은 확실히 보게 될 것입니다. 우리는 그것을 믿고,

열망하며, 기대합니다. 우리의 소망은 바로 그런 특징을 가지고 있습니다. 우리의 소망은 이 세상에서 말씀을 따라 살지 않고 하나님을 찾지도 않으면서 "앞으로 다 잘 될 거야" 하는 식의 근거 없이 막연한 소망이 아닙니다. 우리의 소망은 올바른 지식과 확고한 믿음, 영적인 열망에 기초한 기대로 이루어져 있습니다.

그 소망은 하나님의 말씀에 근거합니다. 하나님께서 약속해 주셨기에 우리는 그것을 믿고, 열망하며, 기대합니다. 하나님은 "믿고 세례를 받는 사람은 구원을 얻을 것이요"(막 16:16)라고 말씀하십니다. '구원을 얻는다'는 말의 가장 넓은 의미는 인간이 아니라 하나님께서 부여하십니다. 하나님의 생각은 항상 사람의 생각을 뛰어넘습니다. 하나님께서 약속하셨기에 또한 그렇게 행하실 것을 우리는 기대합니다. 하나님은 자신이 한 말씀을 취소하거나 철회하시는 분이 아닙니다.

우리는 우리 영혼을 지켜 달라며 구주께 맡깁니다. 주님께서 자기 백성들을 죄에서 구원하겠다고 선언하셨기 때문입니다. 우리는 구주를 신뢰합니다. 구주께서 영원히 살아 계심과 그분이 장래에 재림하실 때 우리도 부활한 육체 가운데서 하나님의 얼굴을 보게 될 것을 믿습니다. 하나님의 존귀한 말씀들은 영원히 유효합니다. 그래서 우리는 그 말씀들을 붙잡고 살면서 하나님께서 약속하신 바를 이루실 것을 확신합니다. 우리는 이미 부활의 소망을 바라보면서 수많은 성도들의 시신을 땅 속에 묻었습니다. 부활할 것을 확신하기에 우리는 죽는 것을 두려워하지 않습니다. 농부가 땅 속에 씨앗을 심으면서 그것이 싹틀 것을 의심하지 않는 것처럼, 우리도 천국에서 부활해 영원히 살 것을 기대하며 우리의 몸을 떠납니다. 이것이 우리가 가지고 있는 가장 고상한 소망입니다. 이 소망은 하나님의 말씀과 신실하심, 약속을 지키시는 그분의 능력에 근거합니다.

그러므로 이 소망을 가진 사람들은 혹시나 부끄러움을 당하게 될까 봐 염려할 필요가 조금도 없습니다. 이 소망은 성령께서 우리의 심령 속에 부어 주시는 것입니다. 그렇지 않았다면 우리는 이 소망을 알 길이 없습니다. 불신자들은 이 소망을 소유하지 못하며, 앞으로도 결코 알지 못할 것입니다. 사람이 거듭나서 성령께서 그의 심령 가운데 거하실 때 비로소 그가 이 소망을 갖게 되기 때문입니다.

영생에 대한 우리의 소망은 하나님께서 우리 안에 부어 주신 것이며, 반드시 성취될 일이라니 얼마나 기쁜 일입니까? 주님은 자기 백성들에게 수치를 당할지도 모를 소망을 불어넣어 주시는 분이 절대로 아닙니다. 진실하신 하나님께서 거짓된 소망을 주실 리 없습니다. 그런 일은 애초에 불가능합니다.

사랑하는 성도 여러분, 우리에게 장래의 구원을 기대하도록 가르치시고, 그런 소망을 부어 주신 하나님께서 그 일을 우리에게 이루어 주십니다. 그러니 더욱 확신하고 인내하면서 주님이 다시 나타나실 날을 기쁘게 기다리시기 바랍니다.

하나님으로부터 나온 모든 은혜로운 것들이 그렇듯이 이 소망은 우리 안에서 거룩한 방식으로 역사합니다. 요한이 "주를 향하여 이 소망을 가진 자마다 그의 깨끗하심과 같이 자기를 깨끗하게 하느니라"(요일 3:3)고 말한 것처럼 이 소망은 우리를 깨끗하게 합니다. 우리는 그 유업을 확신하기에 그에 어울리지 않는 모든 잘못된 것을 버리고, 그에 합당한 모든 선한 것을 입는 가운데 소망을 준비합니다. 다가오는 영광에 합당하게 살려고 합니다.

사랑하는 성도 여러분, 저는 이런 생각이 자주 듭니다. '심판의 날에 비추어 볼 때 지금 나의 행동은 합당한가?' 우리는 관대하거나 거룩하게 행동하기 위해 애씁니다. 사람들의 눈을 의식해서 그렇게 하는 것은 아닙니다. 다가오는 장래의 영광에 비추어 지금 우리의 삶이 합당한지 살펴보기 때문에 그렇게 합니다. 우리를 위해 영원히 시들지 않는 생명의 면류관이 예비되어 있다는 것, 그것이 우리에게 가장 큰 자극제입니다.

그런 복된 소망을 가지고 있기 때문에 우리는, 천국의 왕자가 된 자들이 더러운 흙탕물 속에서 뒹구는 것을 수치스럽게 여기듯 죄 짓는 것을 수치스럽게 생각합니다. 우리는 장차 영광스러운 빛 가운데서 영원히 살 사람들이기 때문에 기꺼이 그에 걸맞게 살려고 합니다. 우리는 어둠 가운데 다니지 않습니다. 장차 태양도 빛을 잃고 희미해질 만큼 찬란한 빛 가운데서 살 것이기 때문입니다. 다시 말해, 우리는 장차 삼위 하나님과 교제하면서 살게 될 것입니다. 그런 우리가 사탄의 노예, 죄의 종이 되어 산다는 게 가당키나 한 말입니까? 그것은 있을 수 없는 일입니다! 그런 복된 소망이 우리를 하나님께 향하도록 이끌어 주며 죄의 구덩이에서 건져냅니다.

소망이 미리 주는 유익들

우리가 어떤 복된 소망을 가지고 있고, 그것이 어떤 특징을 가지고 있는지 말씀 드렸으니, 이제 그것이 우리에게 미리 주는 유익들에 대해 살펴보겠습니다.

사도 바울은 오늘 본문에서 "우리가 소망 가운데서 구원을 얻었으매"라고 말하고 있습니다. 즉 우리가 이 소망에 대해 알게 된다면, 더 큰 구원을 소유하게 된다는 말입니다. 다시 말해, 우리는 처음 구원받으면서 죄 사함과 이신칭의를 받았습니다. 그 결과 하나님과 교제를 나누며 믿음으로 영원한 축복들을 소유하게 되었습니다. 우리는 먹고 마시는 것만큼이나 그것을 자연스럽게 의식하며 삽니다.

그런데 우리가 구원받으면서 얻은 것이 이것만은 아닙니다. 그 외에도 우리는 구원의 더 큰 영역, 즉 죄에서 완전히 벗어난 영혼의 구원과 몸의 완전한 구속을 소망 가운데서 바라보게 되었습니다. 더 큰 구원의 소망이 생긴 것입니다. 그렇기에 우리는 하나님의 영광을 바라며 즐거워합니다. 그런데 무슨 근거로 우리가 그렇게 할 수 있는 것입니까?

첫째, 소망은 이것을 모두 은혜의 약속으로 이미 보장된 것으로 보기 때문입니다. 예수 그리스도를 믿어 죄 사함을 얻었기에 우리는 이렇게 담대히 외칩니다. "나는 아직 죄의 오염과 유혹에서 완전히 벗어나지 못하지만, 예수 그리스도를 믿어 구원을 얻었으므로 장차 온전히 구원을 얻을 것이다. 그리스도가 내게 부분적이면서 불완전한 구원을 주실 리 없다. 주님이 나의 구원을 완성하실 것이다." 이와 같이 소망은 아직 경험하지 못하는 많은 것들을 구원의 약속 안에서 이미 확보된 것으로 봅니다. 약속 전체가 확실함을 알기에 믿음으로 현재의 축복을 즐기는 것만큼이나 확실하게 소망으로 장래의 자비를 기대합니다.

둘째, 소망은 첫 열매를 보며 다가올 본격적인 추수를 내다보기 때문입니다. 은혜로 죄를 처음 정복했을 때, 소망은 그 죄가 완전히 뿌리 뽑히게 될 것을 기대합니다. 성령께서 우리 몸에 들어와 거하실 때, 소망은 우리의 몸도 영혼처럼 온전히 구원을 얻게 된다는 보증을 봅니다. 믿음을 통해 소망이 우리 심령 속에 들어오는 순간 성도는 노래합니다. "내겐 온전한 구원이 있네. 아직은 다 누리지 못해도 예수 그리스도의 그날에 다 누릴 거라네." 소망을 가진 사람은 첫 열매를 손에 들고서 앞으로 추수할 것이 이미 모두 자기 것임을 압니다.

밀 한 줌을 처음 수확한 농부에게 밀밭 전체를 추수할 날이 올 것인지 물어보십시오. 농부는 당연히 그렇다고 말할 것입니다. "아직 다 추수한 것은 아니지만 이미 다 제 것인 걸요. 적절한 때에 모두 거둬 들여야지요. 첫 수확물인 밀 한 줌은 밀밭 전체가 익어 가고 있으며 곧 본격적인 추수가 있으리라는 것을 보장합니다." 이와 같이 하나님께서 우리에게 구원과 예수님을 향한 사랑을 부어 주실 때, 그 첫 열매들은 장차 우리에게 나타날 구원의 증표가 됩니다.

구원받은 우리의 첫 기쁨은 영원한 노래를 부르기 위해 우리의 하프를 조율하는 것입니다. 구원받은 우리가 처음 누리는 평강은 앞으로 영원할 평강의 날에 비치는 새벽빛입니다. 우리가 처음 그리스도를 보고 그분을 경배한 것은, 장차 우리가 하나님과 어린양의 보좌 앞에서 드리게 될 영원한 예배의 첫 출발입니다. 이와 같이 우리는 구원받아 소망을 갖게 된 사람들입니다. 이 진리는 우리에게 영생에 대한 보증, 영화의 시작을 가져다줍니다.

셋째, 소망은 이런 장래의 은혜를 확신하기 때문에 그 은혜를 이미 얻은 것으로 간주합니다. 바다 건너편의 무역상으로부터 편지를 한 통 받았다고 합시다. 그 편지에는 이렇게 쓰여 있습니다. "귀하가 주문한 물건들을 확보했으니 다음 배편으로 보내 드리겠습니다. 물건들이 곧 도착할 것입니다." 그때 다른 무역상이 전화를 해서 여러분이 이미 구입한 그 물건들을 자기한테서 살 의향이 있는지 묻는다면 이렇게 대답하지 않겠습니까? "아니요. 저는 이미 구입했습니다."

이제 아시겠습니까? 확실히 그렇게 될 것입니다. 아직 그 물건들을 창고에 들여놓지는 않았지만, 그것은 이미 여러분의 창고에 입고된 것이나 같습니다. 그 물건들이 배에 실려 오고 있음을 여러분은 압니다. 무역상을 신뢰하기에 여러분은 그 물건들을 이미 여러분의 것으로 간주합니다. 여러분의 물건들이 배에 실려 오고 있습니다.

천국과 영생도 이와 같습니다. 성도들의 유업들을 싣고서 배가 이미 출발해 다가오고 있습니다. 저는 진실하신 주님으로부터 약속을 받았습니다. 주님은 제가 있을 집을 준비하기 위해 천국으로 가셨습니다. 주님은 다시 오셔서 저를 영접하실 것입니다. 이 소망이 확실하기에 모든 것을 따져보고 우리가 내릴 결론은 명확합니다.

"부화하기 전까지 닭이 몇 마리인지 세지 말라"는 옛 격언이 있습니다. 하지만 새가 아직 안 나왔지만 알 속에 있으면 그것을 이미 여러분의 것으로 간주함이 마땅합니다. 사도 바울은 "생각하건대 현재의 고난은 장차 우리에게 나타날 영광과 비교할 수 없도다"(롬 8:18)라고 말했습니다. 사도 바울은 이를 확신한 나머지 대차대조표를 작성해 현재의 고난을 비용 난에 기입하고, 장차 나타날 영광을 수입 난에 기입합니다. 그러면서 비용은 얼마 안 되고, 이에 비해 얻게 될 물품은 비교할 수 없이 영원한 가치를 지녔다고 선포합니다.

더 나아가 사도 바울은 그것을 이미 자기 것으로 간주할 만큼 확신하면서도, 또한 그것을 얻으려고 탄식합니다. 이 몸 안에 사는 우리는 양자될 것을 탄식하면서 기다립니다. 우리의 탄식은 의심이 아나라 열망에서 나옵니다. 우리는 이 소망에 대한 기대를 확신하기에 간절히 열망합니다. 장차 소유하지도 못할 것을 울며 구한다면 그것은 헛된 일일 것입니다. 아이가 엄마에게 하늘의 달을 사 달라고 떼쓰는 것만큼이나 어리석은 일입니다. 그러나 장차 틀림없이 소유하게 될 것을 지금 탄식하면서 바라는 것은 적절하고 합당하며 그의 믿음이 강함을 반증합니다.

사도 바울은 소망을 강하게 확신한 나머지 승리의 찬가를 부릅니다. 그는 우리가 우리를 사랑하는 이로 말미암아 넉넉히 이긴다고 말합니다. 즉 우리는 아직 온전하지 못하고, 몸이 여전히 고통 가운데 있지만, 장차 받게 될 구원을 진실로 확신하기에 이 모든 것을 기쁘게 참으며 모든 어려움을 이겨 낼 수 있습니다. 사랑하는 성도 여러분, 여러분은 얼마 안 있어 부유한 자가 되어 황금으로 덮인 거리에서 살게 될 것입니다. 얼마 안 있어 두통은 사라질 것입니다. 머리에 영광과 축복의 면류관을 쓰게 될 테니 말입니다.

수치를 당할지 모른다는 생각은 절대 하지 마십시오. 불신자들은 더 이상 여러분을 비웃지 못합니다. 여러분은 성부 하나님의 오른편에 있게 될 것이며, 영원토록 그리스도의 영광이 빛나는 옷을 입게 될 것입니다. 그렇습니다. 이러한 소망을 가지고 있다는 것은 무한한 축복입니다. 확신하기에 그 소망이 실제로 이루어지기도 전에 그로 인해 기쁨을 누린다는 것도 무한한 축복입니다. "우리는 소망 가운데서 구원을 얻은 사람이 되었습니다."

소망의 영역

잠시 소망의 영역에 대해 살펴보겠습니다. 소망은 '보이지 않는 영역'에 있습니다. 보이는 것은 소망이 아닙니다. 보이는 것을 누가 바라겠습니까? 사랑하는 성도 여러분, 그리스도인의 진정한 소유물은 보이는 것이 아닙니다.

하나님께서 이 세상에 사는 성도에게 복을 주어 그가 부자가 되었다고 가정해 봅시다. 그때 성도는 하나님께 감사해야 합니다. 한 걸음 더 나아가 자기가 누리고 있는 물질이 자기 것이 아니라고 마땅히 고백할 줄 알아야 합니다. 성도는 많은 물질보다 주님과 함께하는 한 시간에서 더 큰 만족을 느낍니다. 비록 이 세상에서 부자가 되기는 했지만 자신이 무언가를 잘해서 상을 받았다는 생각은 하지 않습니다.

우리가 약속 받은 유업과 비교해 볼 때 이 세상의 모든 영광과 기쁨은 아무것도 아닙니다. 우리의 소망은 세상의 하찮은 것들에 있지 않습니다. 소망은 헛간의 생쥐를 부엉이에게 먹잇감으로 내주고, 독수리 날개를 타고서 더 고상한 기쁨이 기다리는 곳으로 올라갑니다.

이 낮은 하늘을 넘어,
영원이 머무는 저 높은 곳으로,
참된 기쁨이 결코 사라지지 않는 곳으로,

썩지 않는 열매가 영혼을 만족시키는 곳으로.

그러나 우리가 소망하는 이 영광스러운 것들을 아직 누리고 있지 못하는 게 사실입니다. 세상 사람들은 "너희가 소망하는 것들이 어디 있느냐?"라고 우리를 조롱합니다. 그때 우리는 아직은 그 소망하는 것들이 보이지 않는다고 정직하게 고백합니다. 우리는 이미 온전하다고 주장하거나, 몸을 입고 사는 가운데 그렇게 되기를 기대하지 않습니다. 하지만 성부 하나님께서 정하신 시간이 되면 우리가 그리스도의 형상대로 온전히 영화롭게 될 것을 믿습니다.

지금은 육체의 연약함에서 벗어날 길이 없습니다. 몸에 고통이 찾아오고 쇠약해지는 것을 느끼면서 우리의 몸이 죄로 인해 죽음 아래 있다는 사실을 새삼 깨닫습니다. 그러나 우리는 장차 지금 땅에 속한 자의 형상을 입은 것처럼 하늘에 속한 자의 형상을 입게 될 것을 확신합니다. 이것이 우리의 소망이며, 그렇기에 지금은 소유할 수 없습니다. 사랑하는 성도 여러분, 우리의 소망이 보이지 않는 것이라고 해서 낙심하지 마십시오. 우리 안에 계속 불을 붙이며 소망을 바라봅시다. 지금은 하늘에 속한 모든 것을 소유할 수 없고, 이 세상에서 살 수밖에 없습니다. 사랑하는 성도 여러분, 우리 안에 거하는 죄로 인해 슬픔을 느끼고, 우리의 거룩함이 오염된 것처럼 보일지라도 영광의 구원을 약속하신 주님께서 그것을 완성하시리라는 것을 굳게 믿으시기 바랍니다.

다시 말하지만, 여러분이 행동하거나 보거나 느끼는 것 혹은 여러분의 현재 모습으로 판단하지 마십시오. 장차 나타날 것들의 영역 속으로 뛰어들어 가십시오. 이 세상에는 기쁨이 전혀 없지만, 천국에는 무한한 기쁨이 있습니다. '아직 먼 일'이라고 말하지 마십시오. 전혀 그렇지 않습니다. 60대를 지나 70대, 80대 되신 분들이 이 자리에 계신데, 우리가 이 세상을 떠나 그리스도의 얼굴을 보게 될 날이 머지 않습니다. 인생은 화살같이 빠르게 지나가지 않습니까? 인생의 황금기가 눈 깜짝할 사이에 지나갔다고 많은 사람들이 말하듯이 우리도 금세 바라던 약속의 땅에 들어가게 될 것입니다. 지금으로부터 10년 후에 어떻게 될지 고민하지 마십시오. 그때쯤 우리가 약속의 땅에 들어가 밤낮으로 성전에서 우리 주님을 섬기며, 말할 수 없는 기쁨으로 그분의 얼굴을 보고 있을지 누가 압니까?

"나는 아직 젊으니 앞으로 50년은 더 세상에서 살겠지" 하며 느긋해한다면 그것도 오산입니다. 우리가 이 세상에 머무는 시간은 순식간에 지나고 말 것입니다. 그러므로 이 세상에서 살 동안에 하나님의 영광을 위해 힘을 다해 일합시다. 인생은 순간입니다.

작년 이맘때 열매가 탐스럽게 익었던 가을이 기억나십니까? 그때가 엊그제 같지 않습니까? 청소년들에게 1년은 긴 시간 같겠지만, 어르신들에게는 그렇지 않습니다. 얼마 지나지 않은 것 같은데 벌써 노인이 된 자신을 발견합니다. 제 경우에도 세월이 쏜살같이 흘러가고 있습니다. 그래서 두려움은 "오호라 곤고하도다. 조금만 더 살 수 있다면 좋으련만! 세월이 너무 빠르구나"라고 외칩니다. 그러나 소망은 "세월아, 빨리 가라. 이제 곧 본향에 돌아가리라"고 말합니다.

우리와 천국 사이는 한 걸음에 불과합니다. 땅에 있는 것들을 걱정하며 그것들에 얽매이지 마십시오. 우리는 고속열차에 탑승한 승객과 같습니다. 창 밖으로 본 것이 뭐였더라 생각하는 순간 그것은 이미 지나가 버립니다. 객차 안에서 약간의 불편함을 느끼게 될 수도 있습니다. 1등급 객차 표를 끊었는데 어쩌다 3등급 객차에 있게 될 수도 있습니다. 그렇더라도 천국 가는 여행이 짧기에 그리 힘들 것도 없습니다. 좀 지나면 누군가가 이렇게 말해 줄 것입니다. "보세요. 기차가 마지막 역을 막 통과했어요. 이제 곧 터미널에 도착할 테니 조금만 참으세요."

신앙의 눈으로 미래를 바라보시기 바랍니다. 눈을 들어 천국을 바라보는 데 엄청난 상상력이 필요하지 않습니다. 다만 소망 속으로 조금만 뛰어올라 하늘 보좌에 앉기만 하면 됩니다. 사랑하는 성도 여러분, 적어도 오늘 하루만이라도 세상일에 얽매이지 말고 밝고 구름 한 점 없는 영원 속으로 올라가 보십시오. 혼탁한 시냇물에서 나와 하나님의 기쁨의 샘에서 솟아난 맑은 물이 흐르는 소망의 강에서 헤엄쳐 보십시오.

소망이 가져오는 효과

어느새 설교를 마칠 시간이 되었습니다. 소망의 효과에 대해 간단하게 살펴보고 설교를 마칠까 합니다. 소망의 효과는 오늘 본문에 이렇게 묘사되어 있습니다. "참음으로 기다릴지니라." 우리가 기다리되 벌 받는 죄인의 신분으로 기다리는 것이 아닙니다. 신부가 결혼식을 기다리듯이 우리는 그렇게 기다립니다.

인내와 끈기와 열망과 의탁함으로 기다립니다. 우리의 기쁨은 반드시 이루어질 것입니다. 우리는 그것을 결코 의심하지 않습니다. 그러므로 하나님께서 약속을 잊으셨거나 간과하신 양 불평하거나 불만을 품지 않습니다. 하나님께서 정하신 때가 최선의 시간입니다. 우리는 그것에 만족합니다. 우리는 이 세상에서 사는 것을 원하지 않습니다. 우리가 정한 시간에 떠나려고도 하지 않습니다. 오직 주님이 정한 시간만 바라봅니다.

롤런드 힐(Rowland Hill, 1744-1833) 목사가 임종을 앞두고 있는 연로한 한 친구를 찾아가, 먼저 천국에 간 존 베리지(John Berridge. 1716-1793, 영국의 부흥사이자 찬송 작사가)와 그의 가족들에게 안부를 전해 달라고 부탁했다고 합니다. 그리고 농담조로 주님이 훗날 나이든 자신을 잊지 않고 적절한 때에 천국으로 불러 주셨으면 좋겠다는 말을 덧붙였습니다. 그는 자신이 이 일에서 제외될 수 있다는 생각은 한 번도 하지 않았습니다.

영국의 유명한 시인이자 목사인 존 던(John Donne, 1572- 1631)의 마지막 유언에는 이런 말이 들어 있다고 합니다. "만약 내가 죽지 않는다면 그보다 더 비참한 일도 없을 것이다." 이 끔찍한 세상에서 영원히 살아야 한다면, 그것이야말로 진정 비극이 아닐 수 없습니다. 우리 앞에 놓여 있는 죄악된 세상을 생각해 보십시오.

얼마 전에 한 신사가 제게 오더니 자신은 불사의 몸이라면서 정기적으로 노화를 예방하고 새 삶을 시작한다고 말했습니다. 그러면서 저도 그렇게 젊음을 회복시켜 줄 수 있다고 제안했습니다. 하지만 저는 이 세상의 썩을 것들에 마음을 두지 않기에 그런 말에 조금도 흔들리지 않았습니다. 청춘으로 돌아가게 해주겠다고, 다시 젊어지게 해주겠다고 한 그의 제안을 한마디로 거절했습니다.

저는 그런 삶을 조금도 원하지 않습니다. 이 세상에서 제가 가지고 있는 가장 큰 소망은 이 세상을 떠나 영생으로 들어가는 것입니다. 이 세상의 삶을 끝내고 더 좋은 삶으로 올라가는 것보다 더 기쁜 일이 제게는 없습니다. 그렇다고 해서 제가 지금 불행하다든지 만족하지 못하며 산다고 오해하지는 마십시오. 다만 앞으로 제 영혼과 몸이 영화롭게 될 것이라는 영광의 소망이 있는데, 하나님의 얼굴을 대면하게 되리라는 소망이 있는데 어떻게 세상의 것들에 마음을 빼앗길 수 있겠습니까? 결코 그럴 수 없습니다. 우리의 소망은 장차 이루어질 것입니다. 그날은 확실히 옵니다. 그러므로 소망을 가지고 인내하며 그날을 기다리시기 바랍니다.

사탄이 괴롭힐 때, 유혹이 덮칠 때, 고난으로 기진맥진해질 때, 의심으로 심령이 흔들릴 때 인내하며 그 시련을 견디시기 바랍니다. 이제 얼마 안 있어 사탄의 사정거리에서 벗어날 것입니다. 우리의 소망이 완성되는 날이 올 것입니다. 그날은 반드시 옵니다. 그날이 되면 천국이 우리를 위해 만들어진 것과 우리가 천국을 위해 태어난 기쁨으로 인해 우리는 더 이상 이 세상의 괴로움을 기억조차 못하게 될 것입니다.

하나님을 믿지 않는 분들에게 묻고 싶습니다. 여러분의 소망은 무엇입니까? 오래 사는 것입니까? 좋습니다. 그 다음은 무엇입니까? 행복한 가정을 꾸리는 것입니까? 좋습니다. 그 다음은요? 처자식과 더불어 편안한 인생을 사는 것입니까? 좋습니다. 그 다음은요? 손자손녀들을 많이 거느린 할아버지가 되는 것입니까? 좋습니다. 그 다음은요? 은퇴해서 평안한 여생을 보내는 것입니까? 좋습니다. 그 다음은요? 인생의 막이 내려옵니다. 그 막을 제가 살짝 들어 보여 드리겠습니다. 무덤이 보입니다. 하나님의 보좌가 기다리고 있습니다. 여러분의 영혼에 판결이 내려집니다. 영광스러운 부활이 있습니다. 영원한 형벌이 기다립니다. 여러분의 몸과 영혼이 지옥에 떨어집니다. 바로 이런 일들이 바로 여러분을 기다리고 있습니다.

기도하는 가운데 인생의 창 밖으로 눈길을 돌려 보이지 않는 영원한 것을 바라보십시오. 주님께서 여러분에게 자비를 베푸시며 더 좋은 소망을 주실 것입니다. 그리스도를 믿는 성도들에게 간곡히 부탁드립니다. 부디 날마다 영생을 소망하는 시와 노래를 부르십시오. 소망의 시를 읊조리며 순례자의 인생을 소망으로 수 놓으십시오.

묵상과 기도

1. 구원받고 거듭났지만 육체의 연약함으로 인해 또다시 죄를 짓고 탄식했던 적 있습니까?

2. 당신은 온전히 거룩해질 것이라는 소망이 있습니까? 온전한 거룩함에 이르기 위해 어떤 노력을 할 수 있을지 생각해 보십시오.

3. 당신은 장차 천국에서 부활하여 영원히 살 것을 믿고, 열망하며, 기대하고 있습니까? 그렇게 소망하는 근거는 무엇입니까?

2장_ 소망, 내 영혼의 닻

1876년 5월 21일 주일 아침
No.1294

하나님은 약속을 기업으로 받는 자들에게 그 뜻이 변하지 아니함을 충분히 나타내시려고 그 일을 맹세로 보증하셨나니 이는 하나님이 거짓말을 하실 수 없는 이 두 가지 변하지 못할 사실로 말미암아 앞에 있는 소망을 얻으려고 피난처를 찾은 우리에게 큰 안위를 받게 하려 하심이라 우리가 이 소망을 가지고 있는 것은 영혼의 닻 같아서 튼튼하고 견고하여 휘장 안에 들어가나니 그리로 앞서 가신 예수께서 멜기세덱의 반차를 따라 우리를 위하여 들어가셨느니라(히 6:17-20).

믿음은 하나님께서 정하신 은혜의 축복을 받는 방법입니다. "믿는 자는 구원을 얻을 것이요"라는 선포는 복음의 핵심 가운데 하나입니다. 피조 세계, 특별 계시 그리고 섭리는 모두 살아 계신 하나님에 대한 믿음을 갖게 하기 위해 주어진 것들입니다. 하나님께서 어떤 것을 계시하셨다면, 그것은 우리가 그것을 믿도록 하기 위함입니다.

모든 성경은 바로 이런 목적으로 기록되었습니다. "오직 이것을 기록함은 너희로 예수께서 하나님의 아들 그리스도이심을 믿게 하려 함이요 또 너희로 믿고 그 이름을 힘입어 생명을 얻게 하려 함이니라"(요 20:31). 하나님께서 어떤 것을 감추신다면, 그것 또한 우리가 하나님을 신뢰하도록 하기 위함입니다. 알려지지 않은 것과 비교할 때 우리가 알고 있는 계시가 믿음을 일으키기에 충분하기 때문입니다. 섭리는 우리에게 다양한 시련들을 안겨 주지만, 이 모든 것도 우리의 믿음을 향상시키기 위함입니다. 동시에 섭리는 기도 응답을 통해 하나님의 신실하심을 보여 주는 다양한 증거들을 가져다줌으로써 우리의 믿음에 생기를 더합니다. 이와 같이 하나님의 사역과 말씀은 믿음의 은혜로 우리를 양육하기 위해 역사합니다.

그런데 어떤 설교자들의 거짓된 가르침에 영향을 받아 "의심하는 자는 구원을 얻을 것이요"라는 주장이 복음이며, 인간의 지성이 끊임없이 고민하는 가운데 하나님을 포함해 모든 진리에 의심을 품는 것보다 더 고상한 일은 없다고 생각하는 분이 이 자리에 있지는 않습니까? 그러나 성경은 믿음의 조상들의 묘를 만든 다음, 그 묘비에 "이 사람들은 다 믿음을 따라 죽었으며"(히 11:13)라고 기록합니다. 이에 반해 이 시대의 복음은 믿음을 조롱하고, 믿음 대신에 최신의 현대 사상을 추종하는 것을 새로운 미덕으로 내세웁니다.

예전에 믿음의 선배들이 참된 신앙의 기초로 붙잡았던 바 하나님 말씀의 진실성에 대한 순전한 신뢰를 '현대 사상'을 추종하는 '지성인'들은 무시하고 있는 것처럼 보입니다. 모든 진리를 향해 의심을 퍼뜨림으로써 지적이고 철학적인 사람이라는 명성을 얻고자 애쓰는 자칭 그리스도의 종이라는 거짓 목사들에게 장래에 수치가 임할 것입니다. 의심이 복되다고 가르치는 그들의 교리는, 어둠이 빛과

정반대이며, 사탄이 그리스도와 정반대이듯 예수 그리스도의 복음과 정반대됩니다. 그것은 하나님의 진리에 굴복하기를 거절하는 교만한 지성인들의 양심을 달래기 위해 고안된 것입니다.

하나님을 신뢰하십시오. 믿음은 그 자체로 최고의 덕입니다. 영원한 하나님에 대한 단순한 신뢰보다 더 진실되고 탁월한 덕목은 어디에도 없습니다. 그 믿음은 오직 성령의 은혜로 말미암아 우리 인간이 품을 수 있기 때문입니다. 나아가 믿음은 그 자체로 덕일 뿐만 아니라 모든 덕의 어머니입니다. 믿음을 소유한 사람은 더 열심히 일하고, 고난을 참고, 더 열정적으로 사랑하고, 전심으로 순종하며, 더 열심히 섬깁니다. 믿음은 인간의 모든 아름다운 성품이 자라나는 뿌리입니다.

구원을 얻는 방편으로서 선한 행위는 믿음과는 상극이지만, 구원 얻은 자의 믿음으로부터는 그 선한 행위가 흘러나옵니다. 믿음을 고백하고 구원을 얻은 그리스도인에게서 그 믿음을 빼앗는다면 그것은 그의 힘줄을 끊는 것이나 마찬가지입니다. 마치 삼손의 머리칼을 밀어 그가 스스로를 방어하거나 적을 물리칠 힘이 사라지게 만드는 것과 같습니다. 오직 의인은 믿음으로 말미암아 삽니다. 믿음은 기독교의 생명력에 필수입니다. 믿음을 약하게 만드는 것은 영적 능력도 약하게 만듭니다.

사랑하는 성도 여러분, 이것은 우리가 경험으로 잘 아는 일일 뿐만 아니라 하나님의 말씀이 선언하는 바입니다. 인류의 역사를 통

틀어 이와 같은 진리를 볼 수 있습니다. 믿음은 힘입니다. 사람들이 거짓을 믿는 경우라도, 진리를 알기만 하고 믿지는 않는 사람들보다 세상에 더 큰 영향력을 행사합니다. 누군가가 사람들에게 미치는 영향력은 그가 마음으로 무언가를 확신하는 힘에 있기 때문입니다. 온 마음으로 진리를 믿도록 누군가를 가르쳤다면, 여러분은 그에게 세계를 움직일 수 있는 지렛대와 지레를 준 셈입니다.

바로 이 순간에도 전 세계는 루터의 막강한 영향력 아래에 있습니다. 그 이유가 무엇입니까? 루터 그가 강한 믿음을 지닌 사람이었기 때문입니다. 그는 강인한 신자였습니다. 그가 맞서 싸워야 했던 학자들은 믿음을 반대하는 자들이었습니다. 또한 그가 맞서야 했던 사제들과 추기경들과 교황도 죽은 정통의 대변자들이었습니다. 그래서 루터는 그들을 인정사정없이 완전히 박살 냈습니다. 그는 하나님에 대해 배웠던 것을 온 마음을 다해 믿었습니다. 그는 토기장이의 그릇들을 부수는 도구처럼 그 시대의 위선자들을 산산조각 냈습니다.

인류 역사 속에서 줄곧 진리였던 것이 지금도 진리입니다. 믿음이 우리를 강한 사람으로 만들어 줍니다. 이 시대에 세련된 지성이라는 이름으로 '편견 없는' 불신앙을 인정하는 것이 지적 정직함인 양 떠벌리는 사람들이 있습니다. 그들의 허황된 주장 속에 어떤 지적 탁월함이 있든지 간에 저는 성경에서 그런 얘기들을 확인하거나 그 근거를 보지 못했습니다. 성경의 저자들은 불신앙을 칭찬하거나 불신앙이 활개칠 수 있는 그 어떤 동기나 이유도 제공하지 않습니다. 우리의 경험을 돌아보더라도 불신앙은 인생의 전투에서 그 어떤 힘이나 지혜도 보태 주지 못했습니다. 불신앙은 오히려 맹신에 가깝고, 참된 신앙과 달리 거짓으로 사람을 휘두르는 경향이 있습니다. 불신앙은 현재의 삶에 위로를 주지 못할 뿐만 아니라 미래의 삶에도 그러합니다. 성경 어디에서도 지적 능력을 높이 사는 사람들이 그들 자신과 다른 사람들을 영원히 혼란스럽게 할 허황된 하늘나라가 있다는 단서를 찾을 수 없습니다. 성경 어디에서도 회의주의자들이 새로운 궤변들을 짜내고, 하나님의 계시에 반대를 제기하는 천상의 전당이 있다는 말씀을 보지 못했습니다. 그런 곳이 있다면 믿지 않는 자들의 소굴이지 결코 천국이 아닙니다.

오늘의 본문을 보면, 그 논조가 불확실성과 거리가 멉니다. 주님은 우리가 불안정한 상태에 있는 것을 원하지 않으시며, 모든 불확실성과 의심을 없애려 하신다는 사실을 확실히 알 수 있습니다. 정직한 사람이 맹세하며 말할 때 우리는 그 말을 사실로 받아들입니다. 이와 같은 이치로 하나님께서는 약속을 기업으로 받는 자들에게 자신의 뜻이 변하지 않음을 충분히 나타내기 위해 그 일을 맹세로 보증하셨습니다. 인간의 믿음이 약함을 헤아려 직접 자신이 선언한 것에 맹세하신 것입니다. 그리고 영원한 하나님의 약속과 맹세를 통해 이중으로 인증된 복음을 우리에게 주십니다. 하나님께서 자신이 약속한 것에 맹세하기 위해 하늘을 향해 손을 드셨을 때, 천사들은 틀림없이 깜짝 놀랐을 것입니다. 또한 그들은 하나님께서 그분 자신의 언약에 이렇게 확증하심으로써 모든 의심이 사라질 것이라고 틀림없이 결론 내렸을 것입니다.

오늘 본문에 나오는 '닻'이라는 비유를 주의 깊게 보시기 바랍니다. 이 세상은 불안정하고 위험한 바다와 같습니다. 인간의 일상은 바람에 요동치는 파도와 같습니다. 우리로 말하자면 바다를 항해하는 중에 풍랑을 만나 이리저리 흔들리는 배와 같은 신세입니다. 우리는 조류와 바람과 풍랑에 이리저리 흔들리면서 표류합니다. 우리는 하나님의 백성이 들어갈 안식처에 아직 도착하지 않았습니다. 그러나 하나님께서는 우리가 바람에 이리저리 흔들리며 떠다니는 것을 원하지 않으셨습니다. 그래서 폭풍우를 능히 이길 수 있도록 가장 확실한 소망의 닻을 기꺼이 우리에게 만들어 주셨습니다.

오늘 본문 전체를 설교할 생각은 없습니다. 존 오웬(John Owen) 박사와 조셉 카릴(Joseph Caryl)이 이 본문의 깊은 의미를 끌어내 설교하는 데 무려 7년이나 걸렸다고 합니다. 그만큼 오랜 시간이 필요한 일입니다. 저는 다만 닻이라는 이미지가 전해 주는 일련의 진리만 살펴보고자 합니다. 오늘 아침, 하나님께서 우리 모두에게 은혜를 주시길 바랍니다. 이미 닻의 의미를 알고 신앙생활하시는 분들에게는 이 닻이 우리를 더 견고하게 붙잡고 있음을 느끼는 시간이 되기를 바랍니다. 혹 이 닻을 한 번도 소유한 적이 없는 분들이라면, 오늘 아침에 난생처음으로 바다에 이 닻을 던져 이후로 살아가는 동안에 믿는 심령들에게만 임하는 강한 위로를 느끼시길 바랍니다.

닻의 목적

먼저, 오늘 본문이 말하는 닻의 목적에 주의를 기울여 보십시오. 닻의 목적은 물론 바람과 파도로 인해 위기에 처한 상황에서 배를 한 장소에 확고하게 붙잡아 매는 것입니다. 하나님께서는 우리에게 확실한 진리들을 주셨습니다. 그렇게 하신 목적은 우리의 마음을 진리와 거룩함, 인내함에 견고하게 붙잡아 매기 위함입니다. 한마디로 우리를 하나님께 붙잡아 매기 위함입니다. 그런데 왜 닻을 내려 배를 붙잡아 매야 하는 것입니까?

첫째, 그래야 배가 파선하는 것을 예방할 수 있기 때문입니다. 잔잔한 바다에서는 닻이 그리 필요하지 않습니다. 바람이 약간 분다 해도 큰 문제가 되지 않습니다. 그러나 날씨가 변해 먹구름이 몰려오는 상황이라면 닻이 절대적으로 필요합니다. 사나운 바람이 해안을 강타할 때, 배가 더 이상 항해하지 못하고 난파될 위기에 처할 때 닻은 황금보다 귀한 가치를 발휘합니다. 아무리 좋은 배라고 할지라도 닻이 없다면, 얼마 안 있어 배에 실린 물건들은 모두 바다에 흩어지고 파편만 떠다니게 될 것입니다. 결국 배는 난파되고 선원들도 익사하고 말 것입니다.

바로 지금이 닻을 내릴 시간입니다. 바로 지금이 가장 좋은 닻을 내려 바람에 맞서고 배를 지켜야 할 시간입니다. 우리 하나님께서는 자기 백성들이 파선하기를 원하지 않으십니다. 그러나 닻에 매여 있지 않다면 우리는 죄와 사탄의 유혹을 받을 때 파선해 목숨을 잃고 말 것입니다.

사랑하는 성도 여러분, 닻에 매여 있지 않다면 온갖 교훈의 풍조가 휘몰아칠 때, 우리는 예수 그리스도 안에 있는 진리에서 벗어나 파선하고 말 것입니다. 그러나 우리는 주님께 소중한 사람들이기에 주님은 우리를 잃게 내버려 두지 않으십니다. 주님은 비싼 대가를 치르고 우리를 사셨고, 우리를 위해 큰 축복을 예비해 놓으셨습니다. 그렇기에 우리가 파선해 산산조각 나도록 내버려 두지 않으십니다. 주님은 사탄의 유혹이 다가올 때, 죄성과 세상의 시험이 우리를 공격할 때 소망이 우리 영혼의 튼튼한 닻이 되어 우리를 지켜 줄 수 있도록 하셨습니다.

우리에게 이 닻이 얼마나 필요한지 모릅니다. 다른 사람들이 악한 자들의 거짓에 속아 파선하여 세상에서 소망도, 하나님도 없는 자가 되는 것을 보지 않았습니까? 거친 바다 같은 세상에서 오랫동안 신앙생활을 잘 해오신 분은, 그동안 자신을 견고하게 붙잡아 온 이 영원한 진리가 없었더라면 자신의 영혼이 거친 파도에 휩쓸려 이미 오래 전에 영원한 어둠 속으로 사라졌을 것을 잘 아실 테지요. 진리의 닻이 없었더라면 사나운 파도가 일어났을 때 우리의 영혼은 이미 바다 깊은 곳으로 가라앉았을 것이고, 변치 않고 영원한 하나님의 신실하심이 없었더라면 우리의 마음은 진즉에 기절하고 말았을 것입니다. 그럼에도 불구하고 우리는 오늘 아침 이 자리에 있습니다. 은혜로 호위 받고, 자비의 섭리로 보존되고, 하늘의 지혜로 인도 받고, 천국의 능력으로 힘을 얻어 지금 이 자리에 있습니다. 닻 덕분에, 또한 그것을 주신 하나님 덕분에 우리는 어떤 폭풍우에도 휩쓸리지 않았습니다. 우리는 지금 영광의 항구를 향해 나아가고 있습니다.

둘째, 닻은 배가 흔들리지 않도록 해줍니다. 닻이 없다면 바람이 세차게 불 때 배는 이리저리 흔들리면서 심하게 파손될 것입니다. 외부의 영향에 좌우되는 사람은 바람 앞의 겨나 등불처럼 불행한 사람입니다. 평안 가운데 든든히 서고, 영혼의 안식을 찾기 위해서는 닻이 필요합니다. 하나님께서 우리에게 참으로 튼튼하고 견고한 진리들을 주신 것에 대해 영광을 돌립니다.

이 진리들은 우리가 흔들리지 않도록 우리 심령 속에서 강력하게 역사합니다. 오늘 본문은 '큰 안위'(큰 위로—표준새번역)에 대해 말합니다. 이 얼마나 영광스러운 단어입니까! 우리는 고난의 때에 바람에 맞서 싸울 수 있게 해주고 우리를 굳게 붙잡아 줄 위로를 가지고 있습니다. 그뿐 아니라 사나운 태풍처럼 지극히 큰 환난이 휘몰아칠 때 튼튼한 닻이 되어 지독한 유혹을 이기고도 남게 해주며, 결국 우리가 그 모든 것을 능히 이길 수 있게 해주는 강력한 위로를 가지고 있습니다. 큰 믿음을 가진 사람은 넉넉히 안식합니다.

> 할렐루야! 나는 믿네!
> 지금 세상이 어지러워도,
> 내 영혼의 닻이 있기에
> 폭풍의 밤이 지나기까지
> 내 영혼이 안전하다는 것을.

셋째, 닻은 우리가 소망의 목적지인 항구를 향해 가도록 만들어 줍니다. 배가 목적지인 항구를 향해 순항하다가 갑자기 사나운 바람을 만납니다. 이때 사나운 바람을 견딜 수 없다면 배는 항구에 무사히 도착할 수 없습니다. 이런 상황에서 선장은 이렇게 판단할 것입니다. "이제까지 항구를 향해 항해를 잘 해왔는데 여기서 물러설 수는 없다. 일단 닻을 내리고 대기하자."

성도들은 때때로 자신들이 나온 애굽으로 돌아가고 싶은 유혹을 받습니다. 그동안 자신이 배워 온 진리를 버리고 싶은 유혹을 받습니다. 슬픈 일이 아닐 수 없습니다. 우리 안에 있는 옛 아담은 우리를 뒤로 끌어당기고, 사탄 역시 우리를 뒷걸음질 치게 하기 위해 애씁니다. 이때 확고히 붙잡아야 할 진리가 없다면 우리는 발을 헛디디고 말 것입니다. 현대의 거짓 교사들이 말하듯이 확실한 진리가 없고, 검은색이 보이는 것처럼 검은색이 아니며, 흰색이 보이는 것처럼 흰색이 아니라 관점에 따라 검은색이 될 수도 있고 흰색이 될 수도 있다는 주장이 참이라면, 더 나아가 영원히 참되고 확실한 진리가 없다면, 우리는 기꺼이 우리가 아는 것을 버리고 사변과 의심과 의견의 미로에서 또는 바다 한가운데서 방황하는 게 마땅합니다. 그러나 우리는 성령께 가르침을 받아 진리를 소유하고 있습니다. 그러므로 세상 사람들이 우리를 어리석은 자로 여길지라도 우리는 이 진리에서 이탈할 수 없으며 이탈하려고도 하지 않을 것입니다.

사랑하는 성도 여러분, 불확실성과 의심에서 비롯된 관용에 귀 기울이지 마십시오. 분명히 구원하는 진리가 있고 "멸망하게 할 이단"(벧후 2:1)도 있습니다. 예수 그리스도는 "예"와 "아니요" 둘 다가 될 수 없습니다. 예수 그리스도의 복음은 지옥의 쓴맛과 천국의 단맛이 교묘하게 섞여 있지 않습니다. 확정된 진리들과 계시된 사실들이 분명히 존재합니다.

하나님의 진리를 직접 만나고 인격적으로 경험한 사람들은 닻을 배 밖으로 던집니다. 그들은 닻줄이 바닷속으로 미끄러져 내려가는 소리를 들으면서 기쁘게 말합니다. "나는 이 진리를 알고 믿는다. 나는 이 진리 속에 흔들림 없이 서 있으련다. 바람이 아무리 세차게 불어와도, 바람아! 너는 이 튼튼한 닻에서 나를 떼어 놓지 못한다. 성령께 배운 진리가 무엇이든지 간에 살아 있는 한 나는 이 진리를 단단히 붙잡겠다."

넷째, 닻은 우리가 쓸모 있는 존재가 되도록 만들어 줍니다. 이런저런 가르침에 쉽게 흔들려 오늘은 이것을 믿고, 내일은 저것을 믿는 사람은 변덕쟁이에 지나지 않습니다. 그런 사람이 천국에 갈 수 있겠습니까? 신앙이 연약한 사람들이나 다른 성도들에게 도움이 되겠습니까? 바람이 부는 대로 요동치는 파도 같은 사람이 주님의 일에 유익이 되겠습니까? 다른 사람들에게 유익을 끼칠 수 있겠습니까? 그런 사람은 주님을 믿지 않습니다. 그런 그가 다른 사람들이 주님을 믿도록 할 수 있겠습니까?

저는 교회 안의 죽은 정통 교인(orthodox disbeliever)이 이단보다 더 큰 피해를 준다고 생각합니다. 진리를 받아들이기는 했지만 무관심하거나 은밀하게 불신앙으로 받아들인 교인이 거짓을 열심히 믿는 이단보다 오히려 더 다른 사람들에게 해로울 수 있습니다. 거짓 교인은 자신이 참된 성도인 양 신앙을 고백하고 다른 성도들과 교제하기 때문에 그들의 믿음을 은밀하게 무너뜨릴 수 있습니다. 그런 사람은 아무것도 모르면서 그냥 소망하고 신뢰합니다. 진리를 변호해야 할 때 다른 교훈도 가능할 수 있다고 허용합니다. 성도의 뺨에 입 맞추는 척하면서 칼로 찌르는 격입니다.

우리 하나님께서는 우리가 파선하거나 불행한 사람이 되지 않도록, 길을 잃지 않고 항구를 향해 나아갈 수 있도록, 불안정하고 쓸모 없는 사람들이 되지 않도록 우리를 단단히 붙잡아 주는 닻을 공급해 주셨습니다. 친절하고 지혜로운 목적이 아닐 수 없습니다. 은혜롭게도 우리를 세심하게 돌봐 주시는 주님께 영광을 돌려 드립니다.

닻의 재료

이제, 닻의 재료에 대해 생각해 보겠습니다.

> 이는 하나님이 거짓말을 하실 수 없는 이 두 가지 변하지 못할 사실로 말미암아 앞에 있는 소망을 얻으려고 피난처를 찾은 우리에게 큰 안위를 받게 하려 하심이라(히 6:18).

닻을 만드는 것은 매우 중요한 일로서 큰 책임이 요구됩니다. 닻을 잘못 만들거나 질 낮은 재료로 만든다면 폭풍우가 몰아칠 때 배에 재앙이 닥칠 테니까요. 닻은 우리 주변에서 쉽게 볼 수 있는 쇠나 금속으로 만들지 않습니다. 그것은 최악의 상황에서도 지탱할 수 있도록 정련된 강한 재료로 만듭니다. 세상에 있는 그 무엇이 진정 강하다면, 그것이 바로 닻의 재료가 될 수 있습니다. 안전과 생명이 거기에 달려 있기 때문입니다.

우리의 닻은 무엇입니까? 닻에는 두 개의 큰 날개(blade) 혹은 닻가지(fluke)가 있습니다. 닻가지는 꽉 잡아 붙드는 역할을 하는데, 두 가지 내용으로 구성되어 있습니다. 하나는 튼튼하고 견고한 것으로서 하나님의 약속입니다. 우리는 사람의 약속을 받아들일 수는 있지만 그 약속을 잊어버리거나 아예 성취할 능력이 없을 수 있습니다. 그러나 우리 주님은 그렇지 않습니다. 하나님은 무언가를 잊는다는 것이 불가능한 분입니다. 약속한 것을 성취하지 못하신다는 것은 더더욱 있을 수 없는 일입니다. 하나님의 약속은 얼마나 확실한지 모릅니다! 주님의 순전한 약속만 신뢰한다면 우리는 결코 흔들리지 않을 것입니다. 이 확실한 말씀에 또 다른 내용, 즉 하나님의 서약이 추가됩니다.

사랑하는 성도 여러분, 저는 이 거룩한 주제에 대해 말하지 않을 수 없습니다. 하나님의 서약, 하나님의 엄숙한 주장, 자신을 걸고 하는 하나님의 맹세는 얼마나 놀라운 것인지요! 그 진리의 위엄과 경이로움과 확실성을 생각해 보십시오! 닻처럼 우리를 튼튼히 붙잡아 주는 하나님의 두 가지 보증이 여기에 있습니다. 누가 감히 하나님의 약속을 의심할 수 있겠습니까? 누가 감히 하나님의 서약을 불신할 생각이라도 하겠습니까? 이렇듯 우리의 닻에는 두 날개가 있습니다. 이것은 하나님께 속한 것일 뿐 아니라 변할 수 없는 것이라고 성경이 증거하고 있습니다.

그 두 가지는 결코 변하지 않습니다. 주님은 약속한 것을 철회하시는 법이 없습니다. 하나님의 은사와 부르심에는 후회가 없습니다. 하나님께서 말씀하신 것을 행하지 않으시는 게 가능할까요? 하나님께서 약속한 것을 철회하시는 게 가능할까요? 하나님은 결코 변하지 않으시는 분입니다. 그분의 약속은 영원히 세대마다 유효합니다. 더욱이 하나님께서 변할 수 없는 서약으로 그 약속에 인을 치셨습니다. 자신의 이름을 걸고 맹세하셨습니다. 그러니 어떤 상황에서도 하나님께서 자신이 하신 약속을 취소하고, 자신이 하신 말씀을 부인한다는 것은 생각조차 할 수 없는 일입니다. 그것은 정말이지 불가능합니다.

> 복음이 내 심령을 소생시키네.
> 신실하고 변하지 않으시는 하나님께서
> 맹세와 약속과 보혈의 피로
> 내 소망의 반석이 되시네.

하나님께서 약속을 맹세로 보증하셨다는 본문 말씀에 이어 "이는 하나님이 거짓말을 하실 수 없는"이라는 구절을 눈여겨보십시오. 이 말씀은 하나님께서 거짓말하실 수도 있다는 생각을 아예 차단합니다. 거짓말할 수 있는 하나님은 그 자체가 모순입니다. 그것은 하나님께 불가능합니다. 하나님은 진실한 분이시기 때문입니다. 하나님은 속성과 생각, 의도와 행위, 약속과 서약에 있어 진실하십니다. 거짓말을 한다는 것은 애초에 불가능합니다. 사랑하는 성도 여러분, 우리가 얼마나 복된 닻가지를 가지고 있는지요! 소망에 그런 보장도 안 되어 있다면 그것이 어떻게 소망일 수 있겠습니까?

그렇다면 이 약속은 무엇입니까? 이 서약은 무엇입니까? 이 약속은 아브라함에게 주어진 하나님의 약속으로서 아브라함의 씨가 복을 받을 것이며, 그 씨 안에서 땅의 모든 족속과 나라들이 복을 받을 것이라는 내용입니다. 이 약속은 누구에게 해당됩니까? "이 씨"는 누구입니까?

우선, 이 씨는 모든 나라들에게 복을 주시는 예수님입니다. 둘째, 사도 바울이 증명하듯이, 약속은 육신을 따라 난 씨가 아니라 성령으로 난 씨에게 주어졌습니다. 그렇다면 성령으로 난 아브라함의 씨는 누구입니까? 바로 예수님을 믿는 자들입니다. 아브라함은 믿는 자들의 조상이기 때문입니다. 그러므로 하나님의 약속은 아브라함의 믿음을 소유한 모든 사람들에게 해당됩니다. 다시 말해, 그리스도 자신과 그리스도 안에 거하는 모든 사람들에게 언약이 주어진 것으로서 주님은 그들에게 영원히 복을 주실 것입니다.

또한 그 서약은 무엇입니까? 이것은 창세기 22장에서 볼 수 있듯이, 족장 아브라함이 아들 이삭을 바친 후에 하나님께서 그에게 맹세하신 서약을 가리킬 수도 있습니다. 그러나 이 서약은 시편 110편에 기록된 서약을 가리킨다고 보는 편이 더 적절합니다. "여호와는 맹세하고 변하지 아니하시리라 이르시기를 너는 멜기세덱의 서열을 따라 영원한 제사장이라 하셨도다"(4절). 저는 이 말씀이 바로 하나님의 서약을 가리킨다고 생각합니다. 오늘 본문의 20절은 계속해서 "그리로 앞서 가신 예수께서 멜기세덱의 반차를 따라 영원히 대제사장이 되어 우리를 위하여 들어가셨느니라"고 말하고 있기 때문입니다.

사랑하는 성도 여러분, 저는 여러분이 이 닻을 보기 원합니다. 여기에 우리를 견고하게 붙잡아 주는 것들 가운데 하나가 있습니다. 하나님께서는 믿는 자들을 축복하겠다고 약속하셨습니다. 하나님은 아브라함의 씨, 즉 믿는 자들이 축복을 받을 것이라고 선언하셨습니다.

그 후에 닻의 또 다른 내용이 나옵니다. 그것은 영혼을 붙잡아 주기에 똑같이 강력한 것으로서 그리스도의 제사장직에 관한 맹세입니다. 이 맹세에 따라, 예수님은 우리를 위해 영원히 제사장이 되신 분으로 선포됩니다. 예수님은 아론의 반열을 따라 일정 기간만 섬기는 일반 제사장이 아니라 시작도 없고 끝도 없이 영원히 살아 계신 제사장입니다. 예수님은 십자가에서 속죄 사역을 끝내고 휘장 안으로 들어가 영원토록 하나님의 보좌 우편에 좌정하신 제사장입니다. 주님의 사역은 완성되었고, 그분의 제사장직은 영원히 유효합니다. 이것이 우리 영혼에 복된 닻이 되어 줍니다.

나의 제사장께서 지성소 휘장 안에 계시다는 것, 의와 평강의 왕께서 나를 위해 하나님의 보좌 앞에서 나를 대표하신다는 것, 그리고 내가 영원히 그분 안에 있다는 것을 아는 것이 복된 닻이 되어 줍니다. 보혜사께서 그분의 백성들을 위해 친히 마련하신 것 중에 이보다 더 나은 닻이 있겠습니까? 약속의 상속자들에게 이보다 더 강력한 위로가 또 있겠습니까?

닻을 붙잡는 행동

여기서 지체하지 않고 세 번째 내용으로 나아가 '우리가 닻을 붙잡는 행동'의 중요성에 대해 생각해 보겠습니다. 닻을 붙잡지 않는다면 그 닻이 아무리 좋은 것인들, 우리의 소유인들 아무 소용이 없습니다. 닻은 튼튼하며 붙잡아 매는 역할을 합니다. 그런데 닻에는 닻을 배와 연결해 주는 줄이 있습니다. 예전에는 밧줄을 사용하는 것이 일반적이었지만 큰 배의 파선을 막으려면 밧줄만으로는 역부족입니다. 그래서 요즘은 쇠사슬줄을 사용합니다. 이와 같이 우리 영혼과 소망 사이를 견고한 줄로 연결해야 합니다. 다시 말해, 우리가 가지고 있는 소망에 대해 절대로 끊어지지 않는 확신을 가져야 합니다.

  오늘 본문은 18절 마지막 부분에서 닻을 붙잡는 일에 대해 분명하게 말합니다. "앞에 있는 소망을 얻으려고 피난처를 찾은 우리에게 큰 안위를 받게 하려 하심이라." 우리는 개인적으로 소망을 붙잡아야 합니다. 소망이 있으면 뭐하겠습니까? 그것을 붙잡지 않는다면 아무 소용없습니다. 닻에 줄이 붙어 있는 것처럼, 우리는 믿음으로 영원한 생명의 소망을 붙잡아야 합니다. '얻으려고'의 헬라어 원어는

'힘을 다해 어떤 것을 붙잡는 것, 그래서 어떤 경우에도 그것이 손에서 빠져나가지 않도록 단단히 붙잡는 것'을 의미합니다.

우리는 확고한 진리를 단단히 붙잡아야 합니다. 사랑하는 성도 여러분, 어떤 사람들은 뜬구름을 잡듯 확신 없이 소망을 붙잡습니다. 그들이 그렇게 하든 말든 적어도 저는 확실한 진리를 배우고 싶습니다. 또한 제가 배운 것을 확신할 수 있기를 기도합니다. 옛날에 기사들이 적들과 싸워 이길 때 손에 칼을 단단히 쥔 것처럼 그렇게 진리를 붙잡는 것은 얼마나 복된 일인지 모릅니다. 칼이 내 몸의 일부가 되어 죽기 전에는 나와 절대 분리될 수 없을 만큼 단단히 그리스도의 교리를 붙잡는 것은 복된 일입니다. 확실한 닻을 단단히 붙잡는 성도가 되시기를 바랍니다.

"좋은 말입니다. 그런데 우리가 과연 그렇게 붙잡을 수 있을까요?"라고 묻는 분이 계실지 모르겠습니다. 물론 붙잡을 수 있습니다. 오늘 본문은 소망을 가리켜 '앞에 있는 소망'이라고 말합니다. 앞에 놓여 있는 소망을 우리는 붙잡을 수 있습니다.

많이 지치고 배고픈 상태로 친구 집을 찾아갔다고 생각해 보십시오. 친구가 자리를 마련해 주며 "앉게나!" 하더니 그 앞에 여러 가지 맛있는 고기와 과일을 차려 놓습니다. 그때 우리는 그 음식들을 과연 먹을 수 있는지 오래 고민하거나 묻지 않고 바로 먹을 것입니다. 친구가 음식을 앞에 차려놓은 것은 다름 아니라 먹으라는 뜻이니까요.

단언컨대, 바로 이것이 복음의 영광과 축복입니다. 그 소망은 우리 앞에 놓여 있습니다. 왜 그것이 우리 앞에 놓여 있겠습니까? 그것은 거절하라는 뜻일까요? 결코 그렇지 않습니다. 그 소망을 붙잡으십시오. 그 안에 어떤 진리가 있든지 간에 소망을 붙잡는 것이 우리의 의무이자 특권입니다. 죄인이 그리스도를 붙잡을 수 있는 모든 근거는 하나님께서 우리 죄를 위해 그리스도를 화목제물로 세우셨다는 사실에서 찾을 수 있습니다.

사랑하는 성도 여러분, 폭풍우가 몰려왔는데 마침 닻이 앞에 있습니다. 그런 상황에서 여러분은 "제가 이 닻을 사용해도 될까요?"라고 물으시겠습니까? 사용하라고 닻이 앞에 있는 것입니다. 폭풍우가 몰아치는데 선원 앞에 닻이 놓여 있다면, 선원은 선장에게 물어볼 필요도 없이 즉시 그 닻을 바닷속에 던지지 않겠습니까? 닻은 그 선원의 것이 아닐 수도 있습니다. 승객의 물품 중 하나일 수도 있습니다. 하지만 다급한 상황에서 선원은 그런 것에 신경 쓰지 않고 닻을 던질 것입니다. '반드시 배를 구해야 돼. 여기 닻이 있네. 던져야겠다' 하는 생각뿐일 것입니다.

하나님께서 예수 그리스도의 복음 안에서 우리에게 제공해 주신 은혜로운 소망을 이렇게 대하시기 바랍니다. 바로 지금, 계속해서 그 소망을 붙잡으십시오.

이제 그 닻을 잡는 것은 우리가 현재 해야 할 일이고, 또한 항상 의식하고 있어야 할 일임을 눈여겨보시기 바랍니다. 오늘 본문은

"우리가 이 소망을 가지고 있는 것은"이라고 말하고 있습니다. 우리가 지금 이 소망을 가지고 있다는 사실을 우리는 압니다. 사람이 은혜로 주어지는 좋은 소망을 자신이 가지고 있다는 사실도 모르는데 평안하게 지낸다면, 그것은 거짓 평안입니다. 하나님께서 여러분에게 복을 주시사 여러분이 "우리가 이 소망을 가지고 있습니다"라고 말할 수 있기를 바랍니다.

줄을 닻과 동일하게 강한 재료로 만들듯이 우리의 믿음도 진리와 동일하게 하나님으로부터 나옵니다. 우리가 하나님께서 주신 약속을 붙잡기 위해서는 먼저 하나님께서 주신 소망이 필요합니다. 그 다음으로는 하나님께서 주신 확신으로 그분의 약속을 붙잡아야 합니다. 배에서 닻에 이르기까지 전체가 하나로 연결되어 있어 모든 부분이 수압을 똑같이 감당할 수 있을 정도로 강하다는 사실을 우리는 압니다. 보배로운 그리스도를 향해 보배로운 믿음을 갖는다는 것, 그리고 보배로운 피를 향해 보배로운 확신을 갖는다는 것은 얼마나 복된 일인지요! 하나님께서 이런 축복을 주셔서 여러분이 그것을 이 시간에도 누리시기를 바랍니다.

닻도 우리를 붙잡고 있다는 사실

이번에는 닻이 우리를 붙잡고 있는 측면에 대해 간략하게 생각해 봅시다. 배는 닻에 연결된 줄로 닻을 붙잡고 있습니다. 그런데 여기서 동시에 중요한 것은, 바다 밑바닥에 고정된 닻 역시 배를 단단히 붙잡고 있다는 사실입니다.

사랑하는 성도 여러분, 마찬가지로 소망이 여러분을 단단히 붙잡고 있다는 사실을 아십니까? 그것이 좋은 소망이라면 우리를 붙잡아 줄 것입니다. 그래서 그 소망에서 벗어나는 일이 없을 것입니다. 특히 유혹과 낙심 중에, 그리고 시련과 환난 중에 우리만 소망을 붙잡는 게 아니라 소망도 우리를 붙잡아 줍니다. 그것은 우리의 의무이자 특권입니다. 마귀의 유혹을 받아 "나 이제 포기할래"라고 말할 때, 보이지 않는 한 능력이 무한한 심연 속에서 터져나오면서 이렇게 대답합니다. "나는 너를 절대로 포기하지 않아. 내가 너를 붙잡고 있는 한 누구도 우리를 떼어놓지 못해."

사랑하는 성도 여러분, 우리의 안전은 우리가 하나님을 붙잡는 것보다 하나님께서 우리를 붙잡는 것에 더 많이 달려 있습니다. 하나님께서 그분의 서약과 약속을 이루실 것이라는 소망이 하나님과 우리를 떼어놓으려는 세상과 육체, 마귀의 그 어떤 능력보다 더 큰 힘으로 우리를 붙잡고 있습니다.

하나님께서 주신 이 닻이 튼튼하다는 근거는 어디에 있습니까? 그 근거는 닻의 본래 속성에 있습니다. 오늘 본문은 "우리가 이 소망을 가지고 있는 것은 영혼의 닻 같아서 튼튼하고 견고하여"라고 말합니다. 닻은 그 속성상 튼튼할 수밖에 없습니다. 복음은 교묘하게 꾸민 이야기가 아닙니다. 그것은 하나님께서 말씀하신 것으로서 진리이며, 하나님께서 직접 인 치신 순전한 진리입니다. 그것은 또한 '견고하기에' 틈새로 빠져나오는 일이 결코 없습니다. 닻은 속성상 튼튼하고 견고하기에 실제로 안전을 보장합니다. 그리스도를 믿어 영생을 얻고, 하나님께서 그분의 말씀을 성취하실 것을 기대하고 있다면, 여러분의 소망이 여러분을 지탱해 주고 붙잡고 있음을 아마도 알고 계실 것입니다.

사랑하는 성도 여러분, 이 닻을 사용한 결과도 우리에게 위로가 되어 줍니다. 오늘 본문은 "우리가 이 소망을 가지고 있는 것은 영혼의 닻 같아서 튼튼하고 견고하여"라고 말합니다. 닻을 내리고 있는 한 배가 풍랑에 휩쓸려 이리저리 밀려다니는 일은 없습니다. 심하게 흔들리고 그로 인해 멀미를 심하게 할 수는 있지만 정박지에서 이탈할 일은 없습니다. 닻을 내린 배는 그 자리에 있습니다. 승객들은 불안해할 수는 있어도 조난 당하지 않습니다. 우리가 은혜로 좋은 소망을 갖게 되었다 해서 내적 갈등이 사라지는 것은 아닙니다. 결코 그렇지 않습니다. 소망은 내적 갈등을 동반합니다. 그렇다고 해서 외부의 시련을 비껴가게 해주지도 않습니다. 오히려 반드시 외부의 시련을 가져옵니다. 그럼에도 저는 예수 그리스도 안에 있는 모든 성도들에게 이렇게 말할 수 있습니다. 소망은 우리를 모든 실제적 위험으로부터 구원할 것이라고 말입니다.

성도의 처지는 파도가 격동하는 위기에 처한 선원의 처지와 같습니다. 선원은 이렇게 묻습니다. "선장님, 큰일 난 게 맞죠?" 놀랍게도 선장은 아무런 대답도 하지 않습니다. 선원은 재차 묻습니다. "선장님, 이렇게 위험한 상황이 안 보이십니까? 두렵지도 않으세요?" 그러자 바다에 익숙한 베테랑 선장은 투박하게 대답합니다. "그래. 두렵지. 하지만 위험한 상황은 아니네." 성도의 경우도 마찬가지입니다. 영적으로 비바람이 불고 폭풍우가 세차게 들이닥치면 두려울 것입니다. 하지만 위험하지는 않습니다. 이리저리 흔들릴 수는 있지만 우리는 안전합니다. 끊어지지 않는 견고한 닻이 있기 때문입니다.

한 가지 복된 사실은, 소망이 우리를 강하게 붙잡고 있고 그 점을 우리도 알고 있다는 것입니다. 비바람이 세차면 세찰수록 닻이 배를 더욱 견고하게 붙잡고 잡아당기는 것을 승객들은 느낄 수 있습니다. 이것은 연을 날리는 이치와 비슷합니다. 연이 바람을 타고 구름 속으로 들어가 더 이상 보이지 않게 되더라도, 우리는 연이 구름 속에 있다는 사실을 압니다. 연이 줄을 팽팽하게 당기고 있는 것을 느끼기 때문입니다.

이처럼 소망은 하늘 높이 올라가 그곳에서 우리를 팽팽하게 잡아당깁니다. 우리는 실제로 닻을 보지는 못합니다. 닻이 보이는 곳에 있다면 제 역할을 할 수 없을 테니까요. 닻은 보이지 않는 곳에 있을 때에라야 팽팽하게 당기는 제 역할을 해낼 수 있습니다. 마찬가지로 소망이 하늘로 올라가 보이지 않을 때에라야 우리는 그것이 우리를 당기고 있음을 느낄 수 있습니다.

보이지 않는 곳에 들어간 닻

이제 마지막으로, 그러면서도 가장 중요한 것, 즉 '휘장 안에 들어가' 보이지 않게 된 닻에 대해 생각해 봅시다. 소망이라는 우리의 닻은 보이지 않을 때에라야 제 역할을 해내는 실제 닻과 닮아 있습니다. 얕은 시냇물이 아닌 한 닻이 보이는 곳에 있다면 아무 소용이 없습니다. 닻이 쓸모 있으려면 바다 밑으로 깊숙이 들어가 시야에서 사라져야 합니다.

사랑하는 성도 여러분, 여러분의 소망은 어디에 있습니까? 보이기 때문에 믿습니까? 그렇다면 믿음이라고 할 수 없습니다. 느껴지기 때문에 믿습니까? 그것은 느낌이지 믿음이 아닙니다. 보지 못하고 믿는 사람이 복이 있습니다. 아무것도 느껴지지 않아도 믿고, 소망할 게 전혀 보이지 않아도 소망하는 사람이 복된 사람입니다. 소망할 수 없는 중에 소망하고, 믿을 수 없는 것을 믿고, 보이지 않는 것을 보는 것, 그것이 믿음입니다. 그렇게 하는 사람이 믿음의 비밀을 아는 사람입니다. 우리의 소망은 보이지 않습니다. 우리의 소망은 물속에 있습니다. 본문이 말하듯이, 휘장 안에 들어가 있습니다. 이 비유에 대해서는 자세히 살피지 않겠습니다. 그러나 선원은 그의 닻이 물 휘장 속에 있다고 말할 것입니다. 물 휘장이 그와 닻 사이에 있어 닻을 가리고 있기 때문입니다. 우리가 사랑하는 하나님, 보이지 않는 그분을 향해 가진 확신이 이와 같습니다.

바람이여 불라, 풍랑이여 일어나라.
소망이 내 영혼의 닻이라.
그러나
보이지 않는 하나님을 내가 어떻게 의지하랴?
소망은 튼튼하고 견고하니 실패하지 않으리.
소망은 휘장 속으로 깊이 내려가
미지의 땅에 단단히 고정되어 있으니
결국 나를 아버지의 보좌에 붙잡아 매는도다.

닻이 비록 보이지 않는다 할지라도, 그것은 튼튼하게 우리를 붙잡고 있고, 휘장 안에 들어가 있습니다. 이것으로 인해 하나님께 감사드립시다. 하나님을 굳게 붙잡는 사람은 "주님께서 약속하셨으니 주님의 말씀대로 행하시옵소서"라고 고백하는 사람이 아니겠습니까?

이보다 더 굳게 붙잡을 수 있을까요? "하나님, 하나님께서 맹세하셨으니 그것을 철회하지 않으실 줄 믿습니다. 하나님을 믿는 자는 모든 죄에서 의롭다 함을 얻는다고 하나님께서 직접 말씀하셨습니다. 하나님을 믿습니다. 그러니 말씀하신 대로 기쁘게 행하여 주십시오. 하나님께서 거짓말하실 수 없음을 알고 있습니다. 하나님은 그리스도가 영원한 제사장이라고 맹세하셨습니다. 저를 위해 속죄를 이루신 제사장인 그리스도를 의지합니다. 그러므로 이제 하나님의 맹세에 의지해 말씀 드립니다. 예수 그리스도의 속죄 제사를 보시고 저를 받아 주십시오. 하나님의 아들이 중보하는 자를 하나님께서 거절하지 않으실 줄 믿습니다. 하나님께서는 그분의 아들을 의지하며 나오는 흉악한 죄인들까지 구원하십니다. 나의 하나님, 이것이 제가 하나님을 향해 붙잡고 있는 소망입니다. 이것이 제가 하나님의 놀라운 성품이라는 깊은 바닷속에 던진 닻입니다. 하나님을 믿습니다. 하나님께서는 제가 이 소망으로 인해 부끄러움을 당하지 않도록 하실 것입니다."

사랑하는 성도 여러분, 살아 계신 하나님을 붙잡는 것은 그분의 서약과 약속에 의지하는 것입니다. 이 얼마나 영광스러운 일인지요! 이렇게 할 때 야곱이 천사를 붙잡고 놓아 주지 않았던 것처럼 우리도 하나님을 붙잡는 것입니다. 이렇게 할 때 우리는 반드시 하나님의 손으로부터 장래에 있을 영광의 복을 받아 누리게 될 것입니다.

다음으로, 닻이 바닷속으로 깊숙이 내려갈수록 닻줄이 더욱 팽팽하게 당겨진다는 사실을 눈여겨보십시오. 처음에 닻이 내려갈 때에는 딱딱한 돌에 미끄러져 그 돌에 물리지 못할 수 있습니다. 그러나 조금씩 미끄러져 아래로 내려가 바다 밑바닥에 닿아 심연의 견고한 바위 틈에 물리면 닻줄이 팽팽하게 당겨집니다. 마침내 그렇게 닻이 바위에 단단하게 걸리면 우리는 이렇게 말할 수 있습니다. "북풍아, 마음껏 불어라. 배를 뒤흔들 만큼 큰 풍랑을 일으켜 보아라."

환난의 때에 우리의 소망은 진리의 근본 속으로 깊이 내려가게 됩니다. 우리 가운데는 고난을 한 번도 겪지 않은 사람도 있을 것입니다. 가난을 경험해 보지 못한 부자들도 있을 것입니다. 일주일 이상 아파 본 적이 없는 건강한 사람들도 있을 것입니다. 그렇다면 그들은 시련 당한 사람들이 소유하고 있는 은혜로운 소망을 알지 못할 것입니다. 교회의 불신앙은 주로 신자들의 안일한 생활에서 나옵니다. 안일한 생활을 물리치려면 견고한 복음이 필요합니다. 열심히 일해서 배고픈 사람은 디저트용 아이스크림에 만족하지 않습니다. 그에게는 영양가 많고 단단한 음식이 필요합니다. 시련 당하는 사람에게도 그렇게 진리의 복음이 필요합니다. 진리가 아닌 것으로는 주린 배를 채울 수 없기 때문입니다.

하나님께서 약속하고 맹세하셨다면 우리는 가장 견고한 확증을 가지고 있는 것입니다. 가장 확고한 믿음은 신실하신 하나님께서 주시는 의로운 선물입니다. 그러므로 사랑하는 성도 여러분, 큰 환난이 임할 때 더 굳게 믿으십시오. 여러분의 배가 깊은 바다에서 이리저리 흔들릴 때 더 큰 확신을 가지고 믿으십시오. 머리가 깨질 것 같고, 가슴이 쓰리며, 세상 모든 기쁨이 사라지고, 죽음이 가까이 왔을 때 더 큰 믿음을 보이십시오. 우리 아버지는 거짓말할 수 없는 분이시니, 즉 사람은 거짓말을 하지만 하나님은 진실한 분이시니 견고한 믿음의 사람이 되십시오. 그럴 때 우리는 주님께서 우리에게 의도하신 강력한 위로를 얻게 될 것입니다.

오늘 본문은 우리의 소망이 눈앞에 보이지 않을지라도 보이지 않는 땅과 견고하게 연결되어 있다는 멋진 결론을 내립니다. 큰 풍랑이 일 때 선원은 자기가 직접 닻을 가지고 바닷속으로 들어가 바다에 견고하게 고정시키고 싶다는 생각을 할 수 있습니다. 물론 그는 그렇게 할 수 없습니다. 그러나 우리에게는 우리를 위해 바닷속으로 내려가 모든 일을 살펴주는 친구가 있습니다.

우리의 닻은 우리가 볼 수 없는 휘장 안쪽에 있습니다. 바로 그곳에 예수님이 계십니다. 우리의 소망은 예수님의 인격 및 사역과 떼려야 뗄 수 없게 연결되어 있습니다. 우리는 나사렛 예수님께서 죽으시고 장사 지낸 후 무덤에서 다시 살아나셨고, 그 후 40일 동안 제자들과 함께 지내시다가 구름 가운데 하늘로 올라가신 것을 분명하게 압니다. 그것은 역사적인 사실입니다. 우리는 또한 예수님께서 아브라함과 그의 후손을 포괄적으로 대표하는 씨로서, 즉 믿는 자들을 그분 안에 포함하고 대표하는 분으로서 하늘에 올라가신 것을 압니다. 예수님께서 그곳으로 가셨기에 우리 또한 그곳으로 갈 것입니다. 예수님은 본격적인 추수를 앞두고 수확한 첫 열매이기 때문입니다.

본문에 따르면, 주 예수님께서는 우리의 대제사장이 되어 휘장 안에 들어가셨습니다. 휘장 안에 계신 대제사장은 우리를 대표해 그 자리에 계신 것입니다. 멜기세덱의 반차를 따라 세워진 대제사장은 흉악한 죄인의 괴수까지 축복하고 구원하는 영원 무궁한 권세를 가지고 계십니다. 예수 그리스도는 우리의 죄를 위해 자신을 속죄 제물로 드리셨습니다. 그리고 이제 영원히 하나님 아버지의 보좌

우편에 앉아 계십니다. 사랑하는 성도 여러분, 그분은 우리의 닻이 들어간 그곳에서 왕으로 좌정해 통치하십니다. 우리는 그리스도의 완성된 사역과 부활 능력과 영원한 왕권 안에서 안식합니다. 우리가 어떻게 이 모든 것을 의심할 수 있겠습니까?

그 다음으로 우리는 예수님이 휘장 안으로 앞서 들어가신 분이라는 말씀을 듣습니다. 그 뒤를 이어 들어갈 사람들이 없다면 앞서 가는 것이 무슨 의미가 있겠습니까? 그분은 길을 인도하기 위해 들어가신 것입니다. 그분은 개척자입니다. 큰 군대의 지휘관입니다. 죽은 자들이 맞이할 부활의 첫 열매입니다. 그분이 앞서 하늘에 가셨기에 그분에게 속한 우리도 그분을 따라 하늘에 갈 것입니다. 이것을 생각하면 마음이 얼마나 기쁜지 모릅니다.

이어서 우리는 주님께서 휘장 가운데로 앞서 들어가셨는데, 바로 '우리를 위해서' 들어가셨다는 말씀을 듣습니다. 즉 예수님은 우리의 이름으로 그 땅을 차지하기 위해 들어가셨습니다. 예수님께서 하늘에 올라가셨다는 것은, 그곳의 모든 보좌들과 모든 면류관을 보시면서 "나는 나의 구속받은 사람들의 이름으로 이 모든 것을 소유하노라. 나는 그들을 대표하는 자니 그들의 이름으로 하늘 보좌의 소유권을 주장하노라"고 말하신 것과 같습니다. 예수님이 만물의 소유자로서 그곳에 계시니 우리도 장차 주님의 유업에 참여하게 될 것입니다.

우리 주 예수님은 우리를 위해 중보하심으로써 우리를 하늘로 이

끌고 계십니다. 잠시만 기다리면 얼마 안 있어 우리도 주님이 계신 곳에 주님과 함께 있게 될 것입니다. 주님은 우리를 본향으로 불러들이기 위해 중보기도하고 계십니다. 우리는 오래지 않아 주님이 계신 곳에 있게 될 것입니다. 배가 폭풍 가운데 있을 때 닻은 배 위로 올라오는 일이 없습니다. 오히려 우리를 본향으로 끌어당깁니다. 우리를 자기에게로 끌어당깁니다. 집어삼키는 바다 밑이 아니라 놀라운 기쁨으로 충만한 천국으로 우리를 끌어당깁니다. 여러분도 그것을 느끼지 않으십니까? 특히 연로하신 분들은 천국이 부르고 끌어당기는 것을 느끼지 않으십니까?

이 세상에는 우리를 붙들고 있는 많은 줄들이 있습니다. 그러나 세월이 갈수록 그런 줄들이 점점 줄어듭니다. 사랑하는 아내가 먼저 세상을 떠납니다. 사랑하는 남편이 떠납니다. 때로는 자녀들이 먼저 떠나기도 합니다. 친구들 역시 그러합니다. 그런데 지금은 이것들이 모두 우리를 천국으로 끌어당기고 있습니다. 지금 여러분은 자신이 배가 아니라 공중으로 날아오르는 독수리가 된 듯한 느낌이 들 것입니다. 이렇게 노래하면서 천국으로 올라가고 싶다는 생각이 종종 들지 않습니까?

우리는 지금 우리의 인도자를 붙잡나이다!
말씀도 주어졌나이다!
만군의 여호와여 오시옵소서.

파도를 가르시옵소서.

그리고 우리를 하늘로 인도하시옵소서.

우리와 닻 사이를 이어주던 줄은 세월이 흐르면서 점점 짧아지고 있습니다. 처음 믿을 때보다 우리는 소망에 더 가까이 가 있습니다. 우리의 소망은 점점 더 기쁨이 됩니다. 소망으로 인해 우리는 기쁨에 휩싸입니다. 몇 주나 몇 달이 지나면, 그리고 조금 더 지나면, 우리는 천국에 올라가 그곳에 거할 것입니다. 그때 우리를 붙잡아주는 닻은 더 이상 필요하지 않습니다. 그때가 되면 우리는 세상이라는 거친 바다에서 우리에게 위로를 주신 하나님의 소망을 영원히 송축할 것입니다. 닻이 없는 사람들은 어떻게 되겠습니까? 폭풍우가 몰려오고 있습니다. 먹구름이 낮게 내려앉고 멀리서 태풍이 들이닥치는 소리가 들립니다. 자, 이제 무슨 일을 해야 합니까? 주님께서 도우사 바로 지금 앞에 놓여 있는 소망을 붙잡는 여러분이 되시기 바랍니다. 아멘.

묵상과 기도

1. 고난 속에서 당신만 소망을 붙드는 게 아니라 소망이 당신을 강하게 당기고 있음을 느낀 적이 있습니까?

2. 예수님께서 대제사장이 되어 보이지 않는 곳, 곧 휘장 안에 들어가 우리를 위해 강력하게 중보하고 계심을 믿습니까?

3. 세월이 지날수록 당신이 품은 소망은 점점 더 분명해질 뿐만 아니라 기쁨이 되고 있습니까?

3장_ **소망의 노래**

1868년 7월 5일 주일 아침
No.819

하나님 곧 우리 하나님이 우리에게 복을 주시리로다
하나님이 우리에게 복을 주시리니 (시 67:6-7).

"하나님, 우리 하나님." 이 얼마나 멋진 표현인지요! 이 존귀하신 이름을 야곱의 하나님께 처음 사용한 심령에는 얼마나 큰 사랑과 생기가 넘쳤을까요! 이스라엘의 한 시인이 만군의 여호와 하나님을 이렇게 멋지게 노래한 후로 수천 년이 흘렀지만, 그 이름은 오늘날 믿는 우리에게도 여전히 존귀한 이름입니다. 그 이름의 감동을 제대로 전할 수 없을 정도로 제 영혼은 그 앞에서 황홀해지고 맙니다.

특히 '우리'라는 수식어가 그것이 수식하는 대상에 감미로운 향기를 입혀 주는 것 같습니다. '우리나라' 하면 사람들은 대부분 저마다 벅찬 가슴으로 자신의 조국을 떠올릴 것입니다. 그곳이 숲이 많은 곳이든 광활하게 펼쳐진 평원이든지 간에 사람들은 자신의 조국을 사랑합니다. 외국에서 사는 사람들은 조국을 그리워하며 향수병에 걸립니다. 자신이 나고 자란 집에 대해서도 그러합니다. 낡고 오래되고, 이엉으로 지붕을 덮은 초라한 시골집일지라도 그곳은 여전히 '우리 집'입니다. 그 집은 우리가 자라면서 난롯가에서 부모님과 깊은 사랑을 나누었던 수천 가지 아름다운 추억이 있는 곳입니다. 우리의 모든 친척들이 소중한 것도 그들이 '우리 친척'이기 때문입니다. '아버지'라는 말은 별다른 감흥이 없지만, 그 앞에 '우리'라는 말을 붙이면 그 의미가 풍성해져 많은 것들을 생각하게 합니다. '우리 자녀', '우리 형제', '우리 남편', '우리 아내'와 같은 말들도 듣기 참 좋습니다.

성경도 '우리 성경'이라고 말하면 금세 더 소중한 느낌이 듭니다. 히브리어로 쓰인 유대인의 책, 구약 성경 그리고 1세기 후반 헬라어로 쓰인 신약 성경, 이 성경 66권은 귀한 보물입니다. 그런데 주후 819년, 모국어 색슨어로 번역되어 나온 '우리 성경'이 두 배로 더 소중한 느낌이 들지 않습니까? 찬송가도 '우리 찬송가'라고 부를 때 그 책에 대한 애정이 샘솟습니다.

그러니 '우리 하나님'이라고 부를 때에 대해선 더 말해 무엇하겠습니까? 하나님을 '우리 하나님'이라고 부를 때, 그 기쁨과 즐거움의 깊이를 사람의 말로 어떻게 표현할 수 있겠습니까? 하나님은 '우리 하나님'이십니다. 이것은 하나님께서 우리의 영원한 유업이 되도록 자신을 우리에게 주신 영원한 언약이요, 그로 인한 축복입니다.

하나님은 '우리 하나님'이십니다. 이것은 하나님께서 먼저 우리를 사랑하셨기에 우리도 그분을 사랑하며, 성령의 인도를 받아 기쁨으로 그분을 선택하게 된 축복입니다.

하나님은 '우리 하나님'이십니다. 하나님은 우리의 신뢰와 사랑을 받기에 합당하시며, 어두운 밤마다 우리의 피난처가 되시며, 즐거울 때마다 교제를 나누는 우리의 기쁨이 되시며, 살아가는 날 동안에 우리를 인도하시며, 죽음 가운데서 도움이 되시며, 영원한 삶 가운데서 우리의 영광이 되십니다.

하나님은 '우리 하나님'이십니다. 하나님은 우리의 길을 인도하시는 그분의 지혜와, 우리의 발걸음을 보호하시는 그분의 능력과, 우리의 삶을 위로하시는 그분의 사랑과, 모든 좋은 것으로 우리를 충만케 하시는 그분의 속성을 공급해 주십니다. 진실한 마음으로 하나님의 보좌를 바라보고, 그분을 '나의 하나님'이라고 부르는 사람은 고대 그리스 정치가 데모스테네스(Demosthenes)나 고대 로마의 철학자 키케로(Cicero)의 입술에서 나온 어떤 말보다 더 멋진 말을 한 사람입니다. '우리 하나님'이라고 부르는 하나님의 가족이 된 여러분은 누구보다 더 큰 사랑을 하나님께 받은 사람입니다.

우리 하나님! 이 얼마나 아름다운 말인가!
감미로운 그 이름을 부르지 않을 수 없네!

부를 때마다 벅찬 기쁨에 심령이 뛰니
주께서 그 사람을 기뻐 받으시리로다!

저는 시편 기자가 "하나님이 우리에게 복을 주시리로다"라는 이 표현을 그가 예언한 축복을 확증하며 보증하는 일종의 장치로서 웅대한 방식으로 사용했다고 생각합니다. 이 말은 두려워하는 자들에게 확신의 빛을 비추어 줍니다. 그들의 미간에 보증이라는 표를 붙입니다. 그들의 외관에 증거를 새겨 줍니다. 주님께서 우리의 하나님이 되는 은혜를 베푸셨다면 그렇게 하신 선한 의도가 있음에 틀림없습니다. 주님께서 사랑으로 "나는 그들의 하나님이 되고, 그들은 나의 백성이 되리라"고 말씀하셨다면, 예수 그리스도 안에서 말할 수 없는 축복들을 우리에게 주시고자 하는 의도가 있음에 틀림없습니다. '우리 하나님'이라는 즐거운 호칭 속에는 강력한 진리가 숨겨져 있습니다. 그것에 대해 생각하면 생각할수록 우리는 그 진리들을 더 많이 보게 될 것입니다.

오늘 아침에는 간단하게 "하나님 곧 우리 하나님이 우리에게 복을 주시리로다 하나님이 우리에게 복을 주시리니"라는 말씀을 상고하고자 합니다. 이 말씀이 제 귀에는 영혼 깊은 곳까지 울려 퍼지는 천사의 행진곡처럼 들립니다. 여러분에게도 똑같이 그렇게 들리기를 바랍니다. "하나님 곧 우리 하나님이 우리에게 복을 주시리로다. 하나님이 우리에게 복을 주시리로다."

오늘 아침에 여러분에게 세 가지 감정을 의인화해 소개하고자 합니다. 우리는 그들과 대화할 것이고, 그들이 우리에게 하는 말을 들을 것입니다.

두려움

첫 번째 인물은 두려움입니다. 활기 없는 얼굴을 한 두려움은 어디서나 볼 수 있습니다. 두려움은 모든 문제에 끼어들고, 믿음의 방에도 침투하며, 희망의 잔치를 망쳐 놓습니다. 두려움은 어떤 사람들에게는 아예 붙박이 손님이 되어 그들과 더불어 살면서 친한 친구인 양 환대를 받습니다.

두려움은 오늘 아침 우리의 활기찬 본문과 관련해 무슨 질문을 할까요? 두려움은 이렇게 묻습니다. "하나님께서 우리를 정말로 축복하실까요? 최근에 하나님께서 손을 거둬 가신 일 때문에 묻는 것입니다. 그동안 우리에게 많은 소망의 징후들이 있었지만 결국 돌아온 건 실망뿐이었습니다. 우리는 오랫동안 부흥의 축복을 기다려 왔습니다. 이제 곧 축복의 징후들이 나타날 것이라고 생각했죠. 하지만 결국 축복은 오지 않았습니다. 부흥과 부흥에 관한 소문은 익히 들었습니다. 역사를 돌이켜 생각해 보면 성령의 권능으로 하나님의 말씀을 전하는 설교자들이 일어났죠. 어떤 지역에서는 하나님께 돌아오는 회개의 역사도 많이 일어났습니다. 하지만 우리는 여전히 그런 축복을 받지 못하고 있습니다. 그 옛날처럼 하나님께서 우리를 찾아오시는 일도 없고요. 구름 한 조각을 보고 비를 기대했고, 아침 이슬을 보며 비를 바랐지만, 그 모든 기대는 물거품이 되었고 우리는 여전히 축복받지 못한 상태입니다. 그동안 실망했던 수많은 일들을 떠올려 보자니 어쩌면 축복이 우리에게 오지 않을지도 모른다는 두려움이 듭니다."

오! 두려움이여, 위로를 받으시기 바랍니다. 당신이 너무 성급해서 하나님의 뜻을 잘못 판단하는 건 아닐까요? 당신이 말한 대로 정말 하나님께서 약속을 잊으시고 당신의 기도에 응답하지 않으신 걸까요? 지난 몇 주 동안 날마다 구름이 지나가는 것을 보면서 우리는 '비가 올 게 분명해. 메마른 땅이 틀림없이 흠뻑 젖게 될 거야'라고 생각할 수 있습니다. 그럼에도 비는 한 방울도 내리지 않을 수 있습니다. 비가 오려면 오래 기다려야 합니다. 하나님의 자비도 마찬가지입니다. 그것이 오늘 오지 않을 수 있습니다. 내일도 오지 않을 수 있습니다.

그러나 하나님은 약속을 지키심에 있어 태만하지 않으십니다. 하나님은 자신이 정한 때를 가지고 계십니다. 하나님은 그 시간에 정확히 일을 시행하십니다. 정한 시간보다 조금도 앞서거나 뒤서거나 하지 않습니다. 하나님께서는 적절한 때에 간구에 응답하사 자유의 소나기를 퍼부어 주십니다. 그때 모든 종류의 은혜로운 축복들이 하나님의 오른손에서 내려옵니다. 그때 하나님께서 하늘 문을 열고 위엄 가운데 강림하십니다. 그리고 우리를 축복하십니다.

두려움은 또 말합니다. "좋아요! 맞는 말입니다. 하지만 그 축복이 가짜면 어쩌죠? 축복의 모조품이라면 이젠 신물이 납니다. 한때 당장이라도 부흥이 일어날 것처럼 사람들이 영적으로 흥분하더니만 흥분이 가라앉자 공허한 자취만 남는 경우를 많이 보았습니다. 우리가 과연 공허한 외침이 아니라 진정한 영광의 부흥을 볼 수 있는 겁니까?"

두려움이 한 말은 슬프게도 사실입니다. 실제로 많은 부흥집회가 진정한 부흥이 아닌 인간의 속임수에 불과했습니다. 부흥이 일어날 것이라는 인간의 헛된 말들이 많았고, 그 말들은 우리 영국 교회에 큰 피해를 주었습니다. 사실 '부흥'이라는 말은 그동안 인위적인 부흥집회가 미친 부정적인 폐해와 나쁜 평판 때문에 만들어졌습니다. 하지만 그렇다고 해서 이것이 부흥이 오지 않을 거라고 단정하는 이유가 될 수 없습니다.

사랑하는 성도 여러분, 저는 부흥을 열망하며 부흥이 일어나기를 간절히 기도합니다. 조나단 에드워즈(Jonathan Edwards, 1703-1758) 시대에 뉴잉글랜드 지역에 불어 닥친 부흥을 기억해 보십시오. 누가 그것을 가짜 부흥이라고 말할 수 있겠습니까? 이 세상에서 일어났던 하나님의 모든 역사가 그러하듯이, 그것은 참되고 진정한 실제 부흥이었습니다. 누가 조지 횟필드(George Whitfield, 1714-1770)와 존 웨슬리(John Wesley, 1703-1791)의 사역을 단순한 경련이나 발작 증세라고 표현하겠습니까? 그것은 기이한 방식으로 은혜의 역사를 이루기 위해 하나님의 오른손이 나타난 사건이었습니다. 그때의 흔적은 지금까지 영국에 남아 있고, 주님이 오시는 날까지 그러할 것입니다. 과거에 부흥이 일어났듯이 지금도 하나님께서 큰 부흥으로 그분의 백성들을 축복하시고 적들로 하여금 예수 그리스도의 복음 안에 저항할 수 없는 능력이 있음을 보게 하실 것입니다.

오! 두려움이여, 지난날에 있었던 거짓된 부흥의 속임수들을 기억하고 거기서 교훈을 받아야 하겠지만, 그것들로 인해 낙심하지 마십시오. 하나님께서 우리를 반드시 축복하실 것이기 때문입니다.

그러나 두려움은 이렇게 대답합니다. "축복과 반대되는 것들이 현재 얼마나 많은지, 그리고 선을 전하는 대신 악을 퍼뜨리는 자들이 얼마나 많은지 보세요. 철학과 미신으로 복음에 대적하는 자들은 넘쳐나지만, 복음을 담대하고 순전하게 전하는 목회자들은 얼마나 적은지 한번 보세요."

오! 두려움이여, 제 말을 들으십시오. 우리의 수가 아무리 적을지라도 하나님께서 우리를 축복하십니다. 하나님은 많은 수가 아닌 적은 수로 구원하시는 분입니다. 하나님의 종 기드온을 떠올려 보십시오. 그가 수많은 미디안 사람들과 싸우러 어떻게 올라갔는지 기억하십시오. 기드온은 수천 명의 군사들을 데리고 올라가지 않았습니다. 수천 명의 군사는 만군의 여호와께 너무 많은 인원이었습니다.

기드온은 수백 명의 군사들만 데리고 갔고, 그들이 든 무기는 기껏해야 빈 항아리와 횃불과 나팔이었습니다. 그들은 이것들을 가지고 수많은 미디안 대군을 무찔렀습니다.

도구가 없으면 전능하신 하나님께서 아무것도 못하시는 것처럼 말하지 마십시오. 하나님은 하고자 하시면 바닷가의 모래를 복음의 설교자로 만드실 수 있는 분입니다. 복음을 전할 입술이 필요하다면 거리의 돌을 설교자로, 나뭇잎을 예수 그리스도의 증인으로 만드실 수 있는 분입니다.

정작 필요한 것은 도구가 아닙니다. 도구를 사용할 수 있는 성령의 능력이 가장 필요합니다. 가장 약한 자까지도 강하게 만들어 주며, 가장 강한 자라도 그것이 없으면 무력하기 짝이 없는 성령의 능력이 우리에게 가장 필요합니다. 일전에 우리는 교회가 권력의 도움을 받지 못한다면 융성하지 못할 것이라는 말을 들었습니다. 이것은 불신자가 한 말인가요, 아니면 주교가 한 말인가요? 저는 정확하게 알지 못하지만 대답은 분명합니다.

예수 그리스도의 신앙을 경기장에 던져 보십시오. 그 신앙은 경기에 필요한 도구 외에는 아무것도 요청하지 않습니다. 설령 도구를 사용하지 못한다 해도 신앙은 승리합니다. 신앙은 자체의 내적인 힘이 드러나길 원하지 이 세상의 권력이 내미는 도움을 원하지 않습니다. 그래도 신앙은 살아남을 것입니다. 세상의 권력자들이 신앙을 대적하도록 놓아두십시오. 그럴지라도 우리의 신앙은 그 적들을 능히 이길 것입니다. 권력자가 그동안 제공했던 신앙에 대한 보호를 철회하도록 내버려 두십시오. 그럴지라도 막히지 않는 하나님의 말씀이 온 세상에 퍼져나갈 것입니다.

그러므로 우리가 가난하고, 능력이 부족하고, 수가 적을지라도 두려워하지 맙시다. 하나님께서 우리를 축복하십니다. 우리가 예수님의 열두 제자들처럼 소수이고, 그들처럼 무식할지라도 하나님께서 능력으로 연약한 교회에 임하사 적들을 물리치신다면 열두 명의 어부들이 로마제국 전체를 뒤집어엎었던 것처럼 오늘날의 기독교도 그렇게 될 것입니다.

그래도 두려움은 계속해서 불평할 구실을 찾으며 말합니다. "미래가 암울합니다! 이 악한 세대, 이 타락한 사람들에게서 무엇을 기대할 수 있을까요? 우리가 적그리스도에게 삼키우고, 불신앙의 암흑 가운데서 길을 잃는 것 말고 무엇을 기대할 수 있을까요? 우리의 앞날은 정말 암울합니다."

사실 저도 그 말에 공감하며 지금이 어두운 시대인 것을 인정합니다. 두려움이 그렇게 말한 데는 일리가 있습니다. 그럼에도 그런 생각은 우리의 믿음, 즉 하나님께서 우리를 축복하실 것이라는 신앙으로 바로잡아 균형을 맞출 필요가 있습니다. 하나님이 변하시는 분입니까? 그분은 예전에 교회들을 도우셨습니다. 그렇다면 왜 지금은 안 도우시겠습니까? 교회가 자격이 없어서입니까? 교회는 항상 자격이 없었습니다. 교회가 타락해서입니까? 교회는 과거에도 자주 타락했습니다. 그러나 하나님은 교회를 찾아와서 회복시켜 주셨습니다. 그런데 왜 지금은 안 된다고 하십니까? 하나님의 약속을 전적으로 신뢰하고, 과거에 축복하셨던 것처럼 지금도 하나님께서 우리를 축복하실 것이라는 믿음을 갖는다면, 우리는 두려워하는 대신에 기뻐하며 부흥을 기대할 만한 이유가 충분히 있습니다.

갈릴리 바다에서 풍랑을 만나 이리저리 흔들리는 배를 생각해 보십시오. 제자들에게는 진실로 두려운 전망만 있었습니다. 배는 얼마 안 있어 좌초되어 모두 바다 밑으로 가라앉을 위기에 처했습니다. 그런데 실제로 어떻게 되었습니까? 배와 제자들은 가라앉지 않았습니다. 정녕 그렇지 않았습니다. 제자들을 사랑하사 절체절명의 상황에서 그들을 구하기 위해 바다 위로 걸어오시는 예수님이 보이지 않으십니까? 예수님께서 바다 위를 걸어 배로 오십니다. 그러자 즉시 아무 일도 없었던 것처럼 바람과 파도가 잔잔해집니다. 이와 같이 교회가 가장 어두운 시기에 있을 때에도 예수님은 정한 시간에 항상 고난의 파도 위로 걸어오사 교회를 영광스러운 안식으로 인도하셨습니다.

그러므로 두려워하지 말고 두려움을 떨쳐 버리십시오. 한껏 기뻐하며 하나님의 축복을 기대합시다. 두려워할 것이 무엇이겠습니까? 하나님께서 우리와 함께하십니다. 귀신들이 도망가고 줄행랑치는 소리가 안 들리십니까? 임마누엘, 하나님께서 우리와 함께하십니다! 누가 하나님을 대항할 수 있겠습니까? 누가 유다 지파의 사자를 이길 수 있겠습니까? 하나님께서 우리를 위하시면 누가 우리를 대적할 수 있겠습니까? 하나님은 우리의 하나님이십니다. 하나님께서 그분의 교회가 곤경에 처해 유린되도록 하시겠습니까? 그리스도의 신부가 포로로 끌려가게 하시겠습니까? 그리스도께서 피로 값을 치르고 사신 백성들이 적의 손에 넘어가게 하시겠습니까? 그럴 수 없습니다. 하나님께서 우리를 위하시고, 그분은 우리의 하나님이시기 때문입니다. 그러니 깃발을 높이 세우고 즐겁게 노래합시다.

> 하나님께서 내게 은혜를 베푸시니
> 내가 그분을 찬송하리로다.
> 하나님이 나의 하나님 되시니
> 내 얼굴에 기쁨이 있도다.

열망

이제 두 번째 인물 열망을 소개합니다. 빠른 발걸음과 밝은 눈, 따뜻한 마음을 가진 열망은 이렇게 말합니다. "하나님은 우리를 축복하실 것입니다. 그런데 우리가 지금 그 축복을 소유하고 있다면 얼마나 좋을까요! 우리는 축복에 굶주려 있고 목이 마릅니다. 수전노가 금을 원하듯 우리는 축복을 원합니다. 그런데 어떤 축복이 올까요? 하나님은 어떤 방식으로 우리를 축복하실까요?"

저는 열망에게 이렇게 대답해 주고 싶습니다. "하나님께서는 자신의 백성을 축복하러 오실 때 모든 은총을 가지고 오십니다." 언약의 보고에는 몇 가지 축복만이 아닌 모든 축복이 있고, 교회에 필요한 몇 가지 은총들만이 아닌 교회의 모든 필요가 충족되는 풍성한 축복들이 있기 때문입니다. 하나님께서는 교회를 축복하실 때 그분의 모든 백성들에게 부흥의 은총을 주십니다. 그 결과, 성도들은 그동안 살아온 것보다 더 높고, 더 고상하며, 더 행복한 삶을 살기 시작합니다. 교회에 생명을 불어넣어 교회를 생기 있게 하는 것이 성령이 지닌 최고의 은사 중 하나입니다. 바로 이것이 우리에게 필요하다고 저는 믿습니다.

우리 교회의 일부 성도들은 영적으로 탁월한 천국 백성들입니다. 그러나 다른 일부 성도들은 그것과는 거리가 있기에 영적으로 더 높이 성장할 필요가 있습니다. 우리 교회에 해당하는 것은 예수 그리스도의 모든 교회에도 해당합니다. 지금 모든 교회는 신랑이 늦게 오자 잠이 든 처녀들과 비슷합니다. 그들은 마음이 차갑고, 하나님을 향한 사랑이 너무 적고, 하나님의 진리에 대한 헌신은 약하며, 사람들의 영혼 구원에 대한 열망도 적습니다.

주님께서 교회에 임하실 때 무엇보다 먼저 성도들의 삶에 생기가 돕니다. 그 다음에는 교회 주변의 불신자들이 회개하고 교회에 등록하는 축복이 따릅니다. 하나님께서 우리를 축복하실 때는 반드시 불신자들이 회개하고 구원받는 역사가 따라옵니다. 새신자가 없는데도 '우리 교회는 나름대로 부흥하고 있어'라고 생각하는 목회자가 있다면 착각하고 있는 것입니다. 우리 가운데서 회심자들이 생기지 않는 것은 애통해야 할 일입니다. 하나님께서 교회에 찾아오실 때, 여기저기에서 "우리가 구원을 얻기 위해 무엇을 해야 합니까?"라는 회개의 탄식이 들립니다. 놀란 교회는 수많은 하나님의 자녀들이 태어나는 것을 보고 기뻐하며 "누가 이 사람들을 낳았는가? 구름처럼, 비둘기처럼 날아오는 이들은 누군가?"라고 외치게 될 것입니다.

교회의 소생과 영혼 구원, 이 두 가지 축복이 임할 때 주님께서 그분의 백성에게 능력과 평안을 주실 것이라는 주님의 말씀이 비로소 성취될 것입니다. 교회는 강해집니다. 교회는 새신자들을 보여 줌으로써 교회의 대적들에 반박할 수 있는 자원을 소유하게 됩니다. 믿음의 증거들이 가득하기에 의심을 그칩니다. 그러고 나선 평안이 임합니다. 새신자들은 물밀듯 밀려오는 구원의 큰 기쁨을 가지게 됩니다. 그들의 새 피로 인해 교회에 있던 기존의 오래된 피가 힘차게 순환하게 됩니다. 새신자, 기존신자 할 것 없이 교회에 평안이 넘치게 됩니다.

사랑하는 성도 여러분, 오늘 아침에 좀더 시간이 있다면, 여러분에게 하나님의 축복을 받은 교회의 모습을 더 그려 드리고 싶습니다만, 그렇게 할 수는 없습니다. 그 모습이 어떠한지 여러분은 이미 알고 계십니다. 여러분 중에 많은 분들이 그런 복된 교회를 체험하셨습니다. 이 축복이 계속되며, 나아가 향상되기를 바랍니다. 그리고 전 세계 모든 교회들이 이스라엘의 하나님으로부터 그런 축복을 받아 말할 수 없이 큰 기쁨을 누리게 되기를 바랍니다.

그러나 열망은 또 묻습니다. "이제야 축복이 무엇인지 알 것 같군요. 그런데 하나님께서 축복을 얼마나 주실까요? 우리는 어떤 식으로 그 축복을 기대해야 합니까?"

저는 열망에게 분명히 말합니다. "하나님은 그분을 향해 당신이 가지고 있는 확신만큼, 당신이 가지고 있는 믿음만큼 당신에게 축복을 주실 것입니다." 우리는 하늘에서 축복이 한 방울 떨어지면 그걸로 금세 만족하고 맙니다. 요아스 왕처럼 땅을 세 번만 치고 맙니다. 그래서 엘리사 선지자로부터 "왕이 대여섯 번을 칠 것이니이다 그리 하였더면 왕이 아람을 진멸하기까지 쳤으리이다"라는 책망을 듣는 요아스 왕과 같은 처지가 됩니다.

우리는 컵에 물을 가득 채울 수 있는데도 기껏 몇 방울의 물로 만족하고 맙니다. 그것들을 받을 충분한 믿음만 있다면 강이나 바다와 같은 양의 물을 소유할 수 있는데, 기껏 몇 방울의 물로 만족합니다. 오늘 아침에 6명의 새신자가 등록한다면 우리는 감사해서 어쩔 줄 모르겠지요. 그러나 600명의 새신자가 없는 것을 슬퍼해야 하는 것은 아닌지 묻고 싶습니다. 우리의 좁은 기대로 이스라엘의 거룩하신 하나님을 세한하고 있다는 것을 아십니까? 전능하신 하나님의 능력을 제한하면서 "여기까지는 하나님께서 하셨지만 그 이상은 불가능해"라고 말하지 않습니까? 우리가 제한이나 한계를 전혀 모르는 하나님을 섬긴다면, 우리의 기대와 희망을 넓히고 확대하는 것이 지혜로운 일이 아닐까요? 왜 정탐꾼들이 에스골 골짜기에서 가져온 포도송이보다 더 큰 송이를 기대하지 않는 겁니까? 왜 우리는 주님을 기대하는 일에 있어 이렇게 소심하고 작아진 것입니까? 더 큰 것들을 붙잡읍시다. 주님을 신뢰한다면 더 큰 것들을 찾는 것이 합당합니다.

저는 모든 설교가 이 땅을 흔들며 강력하게 전해져, 오순절처럼 설교를 듣는 회중들이 수천 명씩 하나님께 회개하고 돌아오는 날이 있기를 고대합니다. 오순절만큼 하나님의 능력을 잘 보여 준 사건이 또 있을까요? 그것은 앞으로 본격적으로 시작될 추수의 첫 열매가 아니었던가요? 첫 열매가 본격적으로 수확한 열매보다 더 클 수 있겠습니까? 하나님께서 교회를 다시 찾아오신다면, 하루도 안 되어 열방들이 주님께 돌아오게 되리라고 믿습니다. 상처 입은 암사슴처럼 기진맥진해 있는 예수 그리스도의 복음이 그때는 강한 천사처럼 날갯짓 하며 하늘로 오르면서 예수 그리스도를 주요, 그리스도로 선포하게 될 것을 믿습니다. 왜 안 된다는 말입니까? 하나님께서 우리가 생각하는 것이나 구하는 것보다 더 넘치게 행하실 수 있는데, 오늘날 교회들이 생기 없음을 누가 정당화할 수 있겠습니까?

열망은 또 이렇게 말합니다. "좋습니다. 이제 그 축복이 무엇인지 알았고, 그것이 한량없이 부어질 수 있음도 알게 되었습니다. 하지만 우리가 그것을 어떻게 얻을 수 있단 말입니까? 또 언제 그것이 우리에게 온단 말입니까?"

오늘 본문인 시편을 간략하게 생각해 봅시다. 그러면 이 질문에 대답할 수 있습니다. 시편 67편은 "하나님은 우리에게 은혜를 베푸소서"라는 말로 시작합니다. 즉 그들의 지난 행동들을 자백하면서 회개하는 성도들의 목소리로 시작합니다. 성도들이 자신의 잘못을 인정하고 스스로를 낮출 때, 즉 성도들이 회개하며 은혜의 보좌 앞에 서서 "우리에게 은혜를 베푸소서"라고 외칠 때, 하나님께서는 그분의 교회에 복을 주십니다. 주님께서 교만한 교회, 완고한 마음을 가진 교회, 주님에게 무관심한 교회를 축복하실 것이라고 생각지 마십시오. 오직 교회가 자신의 허물과 죄를 깨닫고 재 가운데 앉아 겸비할 때, 하나님께서는 기뻐하며 자비를 베푸십니다.

오늘 본문의 1절을 보면, 주님은 그분의 백성들이 죄를 자백할 뿐만 아니라 기도하기 시작할 때 그들을 축복하십니다. "하나님은 우리에게 은혜를 베푸사 복을 주시고 그의 얼굴빛을 우리에게 비추사"(시 67:1)라는 기도는 긴급하고, 겸비하고, 간절합니다. 애통해하는 이 기도는 하나님의 교회가 축복을 잃었고, 그 축복이 회복될 때까지 마음이 편할 수 없어 부르짖는 모습입니다. 모든 교회가 즉각적이고도 끊임없이 이 축복을 위해 기도한다면, 우리는 하나님의 축복을 받을 수 있습니다.

기도는 경건한 성도들이 호소하는 최고의 수단입니다. 우리가 그

목격자들이 아닙니까? 우리 교회는 간절히 간구하는 기도회를 가져 왔습니다. 그 결과, 회심자들이 교회에 들어오는 회개의 역사가 항상 있었습니다. 우리의 간절한 기도 다음에는 즐거운 추수가 항상 따랐습니다. 모든 교회는 반드시 간절히 기도해야 합니다. 그렇지 않으면 비가 쏟아질 것을 기대할 수 없습니다.

사랑하는 성도 여러분, 깨어서 여러분의 죄를 애통해하십시오. 깨어서 사람들의 영혼을 위해 우십시오. 그러면 하나님께서 여러분을 찾아오실 것입니다. 성령님, 오셔서 잠자는 백성들을 깨워 주시옵소서. 당신의 무감각한 백성들을 소생시키시옵소서. 능력이 임하사 우리에게 승리의 밝은 날을 주시옵소서.

시편 67편은 여기서 더 나아가 기도만큼이나 찬양을 강조합니다. "하나님이여 민족들이 주를 찬송하게 하시며 모든 민족들이 주를 찬송하게 하소서 온 백성은 기쁘고 즐겁게 노래하리니"(3-4절). 하나님의 교회는 하나님을 더 많이, 더 높이 찬양해야 합니다. 하나님의 자비를 받고도 마땅히 감사하지 않는다면 더 많은 축복을 기대할 수 없습니다. 작은 은혜라도 받을 때마다 은혜 받을 만한 자격이 없는 우리에게 은혜를 베푸신 하나님을 찬송한다면, 우리는 계속해서 더 많은 축복들을 받게 될 것입니다. 그 찬송은 온 땅에 널리 퍼져야 합니다. "모든 민족들이 주를 찬송하게 하옵소서." 찬송은 즐거운 마음에서 우러나야 하고 온 힘을 다해 드려야 합니다. 우리가 언제 이 정도로 깨어서 찬송하게 될까요? 주님이 택하신 모든 이들이 언제 주님의 영광스러운 이름을 그에 합당하게 찬송하게 될까요? 우리는 언제 우리의 삶과 가정과 모든 곳에서 하나님을 찬송하게 될까요? 교회가 기도와 찬송을 함께 드리면서 하나님의 축복을 간절히 원한다면, 하나님, 곧 우리 하나님께서 우리에게 복을 주실 것입니다.

언제 축복이 오는지 궁금하십니까? 제가 믿기로는, 하나님께서 교회에 찾아오실 때에는 항상 분명한 표시들이 있습니다. 이 표시들은 신령한 성도들에게 주어지는데, 그들은 축복이 곧 올 것을 직감합니다. 엘리야 선지자는 빗방울이 떨어지기 전에 '큰 빗소리'를 들었습니다. 이렇게 하나님의 많은 성도들은 부흥의 때가 오기 오래 전부터 그때가 오고 있다는 것을 확신합니다. 날씨가 변하기 전에 사람들이 몸으로 그것을 먼저 아는 것처럼, 신령한 성도들은 하나님의 역사를 예민하게 감지합니다.

콜럼버스가 낯선 새들이 날아다니고 해초와 부러진 나무 조각이 바다에 떠 있는 것을 보고 육지가 가까이 있다고 확신했던 것처럼, 때때로 목회자는 놀라운 축복의 때가 가까이 와 있음을 느낍니다. 그가 왜 그렇게 확신하는지 말로 설명할 수는 없습니다만, 그에게 있어 그 표시들은 충분합니다. 영적 무관심과 세속의 물결이 물러가고 있다고 우리에게 날아와 알려 주는 비둘기들이 있습니다. 이 비둘기들은 하나님께서 시온에 축복할 때가 임박했음을 알려 주는 은총의 감람나무 가지를 가져다줍니다.

한 연로한 예언자가 어느 날 자리에서 일어나 오랫동안 벽에 걸려 있던 하프를 내려 조율을 마친 다음 손가락으로 줄을 팅기듯 훑으며 기쁨에 찬 열정으로 연주하는 것을 본 적이 있습니까? 그에게 "주님을 찬양하는 시인이여! 당신은 어떻게 그렇게 활기찬 곡을 연주할 수 있나요"라고 물어본다면 그는 이렇게 대답할 겁니다. "전쟁에서 이기고 돌아오는 승리의 깃발을 이미 보았기 때문에 이렇게 연주할 수 있는 겁니다. 나는 천사들의 날갯짓 소리를 이미 듣습니다. 그들은 회개한 죄인들로서 즐거워하고 있으며, 교회 또한 주님의 자녀들이 많은 걸 보고 즐거워하고 있습니다." 하늘의 빛을 받은 성도들은 이렇게 임박한 자비의 그림자를 느끼며 멀리서 들려오는 자비의 바퀴 소리를 듣습니다.

물론 이 표시들은 소수의 성도들만이 인식할 수 있습니다. 그러나 많은 성도들이 인식할 수 있는 다른 신호들도 존재합니다. 교회가 자신의 모습에 대해 탄식하고 절망하며 지금보다 영적으로 더 나아지기를 갈망하는 것 또한 주님께서 그분의 백성들을 축복하실 때가 임박했음을 보여 주는 확실한 표시입니다. 저는 우리 교회의 모든 성도들이 영혼 구원에 대한 열망을 더 많이 갖게 되기를 바랍니다.

영혼 구원에 대한 열망이 교회 안에서 일어날 때, 이것은 그들이 더 큰 축복을 받을 수 있도록 주님께서 그들의 마음을 넓히시고, 준

비시키고 계신다는 것을 보여 주는 확실한 표시입니다. 그 후, 준비된 심령들 속에 그들이 그동안 알지 못했던 거룩한 열망과 강한 심적 목마름이 찾아옵니다. 이 열망은 강한 충동으로 변해 그들은 저항할 수 없게 됩니다. 한 번도 그랬던 적이 없는 사람들이 갑자기 복음을 자랑하는 자가 됩니다. 한 번도 기도에 열심을 내지 않았던 사람들이 강력한 기도의 용사가 됩니다. 메말랐던 심령에 눈물이 찾아옵니다. 그동안 예배당 뒤편에만 앉아 있었던 성도들이 복음을 열정적으로 전하는 사람이 됩니다. 성령의 이 신비스러운 역사들이 주님께서 그분의 교회를 축복하시려 한다는 표시들입니다.

사랑하는 성도 여러분, 모든 성도들이 자신을 살펴보고, 자신 안에 하나님의 축복을 가로막는 장애물들이 있는지 살펴보기 시작할 때, 그리고 온 마음을 다해 하나님을 찾으면서 "주님의 일을 방해하는 모든 더러운 것을 제게서 없애 주십시오. 주님이 쓰시기에 합당하게 만들어 주십시오. 저를 주님께 드리오니 저를 통해 영광을 받아 주십시오"라고 간구할 때, 우리는 꽃들이 피어나는 것을 보고 새들이 노래할 때가 가까우며 봄과 여름이 멀지 않았다는 것을 알 수 있습니다.

하나님께서는 우리에게 이 은혜로운 표시들을 더욱 더 많이 보내실 것입니다. 제 생각에는, 지금도 이 표시들이 보입니다. 어쩌면 저 혼자만의 생각일 수 있지만, 하나님께서 자신의 시온을 찾아오실 것이라는 은혜로운 표시들이 지금도 보입니다. 우리가 그것을 믿고, 받아들이고, 기대하는 가운데 기도와 찬양과 수고를 아끼지 않는다면, 1868년 올해가 끝나기 전에 하나님의 능력이 나타나 이 해를 주님의 은혜의 해, 하늘에서 그랬던 것처럼 땅에서도 은혜가 임하는 해가 되도록 만들어 주실 것입니다.

소망

이제 밝고 따뜻한 시선을 가진 세 번째 인물, 소망을 마지막으로 소개합니다. 소망이 부르는 최고의 노래를 들어보신 적이 있습니까? 소망은 젊은 시절에 배웠던 노래를 잘 조율된 하프 반주에 맞추어 오늘도 부릅니다. 다음은 소망이 부르는 매력적인 노래입니다. "하나님이 우리에게 복을 주시리로다. 하나님이 우리에게 복을 주시리로다." 밤에 종종 이 노래가 들리면 어둡던 하늘에 갑자기 별들이 반짝입니다. "하나님이 우리에게 복을 주시리로다." 환난 한가운데서 이 소망의 노래를 부르면 곧 평안이 찾아듭니다.

옛날에 힘 좋은 노동자들이 원시림을 개간하여 씨를 뿌리고 추수해서 바치라는 왕의 명령을 받았습니다. 그들은 굳센 마음과 강한 체력을 소유한 용사들이었습니다. 한 노동자의 이름은 '근면'이었습니다. 일은 그의 전공이었습니다. 강한 근육을 가진 형제 '인내'도 같이 갔는데, 그는 오랫동안 중노동을 하면서도 지치지 않았습니다.

그들에게는 든든한 지원군이 있었습니다. 열정적인 에너지로 무장한 '열정'이라는 친구뿐 아니라 '자기부인'과 '끈기'라는 친구도 있었습니다. 마지막으로 그들의 수고에 활기를 불어넣어 주는 여동생 '소망'이 있었습니다.

숲의 나무들이 커서 도끼질을 많이 해야 했지만 그들은 나무들을 한 그루씩 베어 나갔습니다. 일은 도무지 끝이 보이지 않았습니다. 그러나 그들은 밤이면 쉬면서 항상 마음이 가벼웠습니다. 그들은 밤마다 소망이 부르는 노래를 들으며 이마의 땀을 닦고 힘을 얻었습니다. "하나님 곧 우리 하나님이 우리에게 복을 주시리로다. 하나님이 우리에게 복을 주시리로다." 그들은 소망의 노랫소리에 맞추어 나무를 베어 냈습니다.

조금씩 땅을 개간하고, 거대한 나무 뿌리를 뽑고, 흙을 갈아엎고, 결국 씨앗을 심고, 추수를 기다렸습니다. 종종 낙심도 되었지만, 끊임없이 감미롭게 들려오는 소망의 노랫소리에 마음이 평안했고 즐거웠습니다. 소망이 노래를 쉬지 않기에 그들도 수고를 멈추지 않았습니다. 그들은 때로 좌절하고 낙심했지만, 아침부터 저녁까지 소망의 노래가 끊임없이 들려왔기에 하던 일을 끝까지 마칠 수 있었습니다.

여러분은 이 비유의 의미를 이해하실 것입니다. 여러분도 날마다 소망의 노랫소리를 들을 수 있으시기를 바랍니다!

하나님께서 우리에게 복을 주실 것입니다! 우리는 소수이며, 이 위대한 일을 하기에는 수가 너무 적습니다. 그러나 하나님께서 우리에게 복을 주실 것이므로 우리는 충분합니다. 우리는 연약합니다. 또한 지식도 부족하고 경험과 지혜도 부족합니다. 그러나 하나님께서 복을 주실 것이기에 우리는 강하고 지혜로운 사람이 될 것입니다. 우리는 자격 없는 자로서 허물이 가득합니다. 그러나 하나님께서 복을 주실 것이기에 우리의 자격 없는 모습도 하나님의 자비라는 귀중한 다이아몬드를 담는 그릇이 될 것입니다. 하나님께서 우리에게 복을 주실 것입니다. 이 축복을 보장하는 영광스러운 약속들이 우리에게 있습니다. 그것들은 반드시 성취될 것입니다. 하나님의 약속들은 예수 그리스도 안에서 '예'(Yes)와 '아멘'(Amen)이 되기 때문입니다.

모든 열방들이 반드시 메시아 앞에 엎드려 절하게 될 것입니다. 에티오피아는 왕을 맞이하기 위해 팔을 뻗을 것입니다. 하나님께서 우리에게 복을 주실 것입니다. 그분은 이미 자신의 백성들을 축복하셨습니다. 하나님께서는 이스라엘의 대적인 애굽을 권능의 팔로 정복하셨습니다. 하나님께서는 가나안의 강한 많은 왕들을 꺾고, 그들의 땅을 자신의 백성에게 유업으로 주셨습니다. 그러니 하나님께서 우리에게 복을 주실 것입니다. 하나님께서는 이미 자신의 아들을 우리에게 주셨습니다. 이런 하나님께서 어떻게 아들과 함께 우리에게 모든 것을 주지 않으시겠습니까? 하나님은 우리와 영원히 함께 거하기 위해 자신의 성령을 우리에게 이미 주셨습니다. 이런 하나님께서 어떻게 모든 필요한 축복과 도움을 우리에게 주기를 거절하시겠습니까?

여기에 하나님의 거룩한 사역에 동참하는 모든 그리스도인들을 위한 노래가 있습니다. 오늘 오후에 우리의 청소년들을 부지런히 가르칠 주일학교 교사들을 위한 노래가 여기에 있습니다. 사역의 좋은 결실을 보지 못해 다소 낙심한 마음이 들었다면 여러분의 가라앉은 마음을 끌어올릴 수 있는 시편이 여기에 있습니다. "우리 하나님이 우리에게 복을 주시리로다." 두 배의 열정으로 계속해서 청소년들에게 복음을 가르치십시오.

땀 흘려 밭을 갈지만 아직 추수를 보지 못해 낙심한 목회자들을 위한 따뜻한 격려가 여기에 있습니다. "우리 하나님이 우리에게 복을 주시리로다." 여러분이 열정적으로 해온 사역을 포기하지 마십시오! 계속해서 매진하십시오. 여러분은 장래에 반드시 그러한 축복을 받을 것이며, 그때에 기뻐하게 될 것입니다. 모든 성도들은 자기 자리에서 주님께서 맡기신 일을 수행하며, 낙원의 새가 그대들의 귀에 노래하는 소리를 들으십시오. "우리 하나님이 우리에게 복을 주시리로다." 다윗이 사울 앞에서 하프를 연주했을 때 사울을 괴롭히던 악신이 떠나갔듯이, 그 노랫소리는 절망을 날려보냅니다. 제사장들의 은나팔처럼 희년을 선포합니다. 이스라엘의 양각뿔처럼 여리고를 무너뜨립니다.

수도사 피터(Peter the Hermit, 1차 십자군 운동의 핵심 지도자)가 십자군 운동을 지휘하면서 사람들에게 "데우스 불트!"(Deus Vult, 하나님께서 원하신다)를 크게 외치라고 열정적으로 선포했던 것처럼, 저 또한 여러분의 심령 속에 불굴의 용기를 불어넣어 주고 싶습니다. "우리 하나님이 우리에게 복을 주시리로다." 이 노래가 용기를 불어넣어 여러분을 강한 전사들처럼 담대하게 전진하도록 만들어 줄 것입니다. 하나님은 우리와 함께하십니다. 하나님은 우리를 축복하십니다.

왜 포기하십니까? 왜 지쳐 있습니까? 왜 사람의 도움을 구하십니까? 왜 적들을 두려워하십니까? 왜 안일함을 찾으십니까? 하나님께서 우리에게 복을 주십니다! 일어나 무장하고 승리를 쟁취하십시오! 어서 낫을 들고 추수를 시작하십시오! 어서 돛을 높이 올리십시오. 순풍이 오고 있습니다! "우리 하나님이 우리에게 복을 주시리로다." 입을 정결케 하기 위해 우리 입에 핀 숯을 대는 데 이 노래보다 더 적합한 도구가 무엇이겠습니까! "우리 하나님이 우리에게 복을 주시리로다"라는 오늘 본문은 핀 숯을 옮기는 데 더할 나위 없이 좋은 황금 부젓가락입니다.

마지막으로 한 가지 주의할 것이 있습니다. 주님은 단수인 '당신'이 아니라 복수인 '우리'를 축복하십니다. 이 사실을 명심하십시오. 자비의 소나기가 내리는데 그 축복이 나에게만 내리지 않는다면 얼마나 불행한 일입니까? 주님께서 그분의 백성을 축복하시는데, 나만 제외된다면 얼마나 불행한 일입니까? 역사 속에서 그래왔던 것처럼 나에게도 그런 일이 일어날 수 있습니다. 그런 일이 일어난다면 나는 영적으로 퇴보하고 말 것입니다. 다른 사람들이 구원받는 곳에서 잃어버린 자가 되는 것만큼 비참한 일도 없습니다. 그러므로 그런 일이 일어나지 않도록 주의하십시오! 그러나 우리에게 구원의 소망이 있음을 하나님께 감사합시다.

여러분은 여호와를 만날 만한 때에 찾으십시오. 가까이 계실 때에 부르십시오. 하나님께서 무한한 용서를 베풀어 주실 것이며, 하나님을 찾는 모든 사람에게 값없이 용서를 베풀어 주실 것입니다. 하나님께서 원하시는 한 가지는 여러분이 그분의 아들 예수 그리스도를 신뢰하는 것입니다. 이 믿음은 하나님의 성령께서 여러분에게 주십니다. 예수 그리스도를 신뢰하십시오! 주님께서 흘리신 보혈의 공로에 의지하십시오. 그러면 하나님께서 은혜를 베푸실 때 여러분은 제외되지 않으며, 다른 모든 성도들과 함께 즐겁게 하나님을 찬양하게 될 것입니다. "하나님 곧 우리 하나님이 우리에게 복을 주시리로다. 하나님이 우리에게 복을 주시리로다."

묵상과 기도

1. 당신은 주로 언제 두려움에 사로잡힙니까? 두려움이 들 때 어떻게 반응하십니까?

2. 많은 사람들이 하나님의 축복과 부흥을 열망합니다. 축복과 부흥을 열망하면서 우리는 어떤 일을 할 수 있습니까?(예 : 찬양, 회개, 영혼 구원에 대한 열망…)

3. "하나님께서 우리에게 복을 주시리로다"라는 소망의 노래가 우리를 끝내 일으켜 세우는 힘이 된다는 것을 믿습니까?

4장_ 기억, 소망의 조력자

1865년 10월 15일 주일 아침
No.654

이것을 내가 내 마음에 담아 두었더니
그것이 오히려 나의 소망이 되었사옴은(애 3:21).

기억은 낙심의 종일 때가 아주 많습니다. 절망을 느끼는 마음은 지난날의 어두운 일들과 현재의 우울한 일들을 기억에 떠올립니다. 기억은 주인에게 쓴 즙이 담긴 잔을 갖다 주는 하녀와 같습니다. 로마 신화에 나오는 전령의 신 메르쿠리우스처럼, 기억은 날개 달린 신발을 신고서 불편한 베갯속을 더 불편하게 할 새로운 가시들을 모으고, 이미 피 흘리는 사람을 더욱 낙담케 할 새 회초리를 부지런히 묶습니다. 그러나 이것은 불가피한 일이 아닙니다.

지혜는 기억을 위로의 천사로 변화시킬 수 있습니다. 왼손으로 어둡고 우울한 일들을 가져오는 기억은, 오른손으로는 소망스러운 일들을 가지고 오도록 훈련할 수 있습니다. 기억은 아픈 쇠 면류관을 쓸 필요가 없습니다. 별들이 총총히 박힌 황금 면류관을 쓸 수 있습니다.

존 버니언(John Bunyan, 1628-1688)의 『천로역정』(The Pilgrim's Progress)을 보면, 크리스첸(Christian)이라는 사람이 의심의 성에 갇혀 있을 때, 기억은 돌능금나무 곤장을 만드는데, 그 곤장으로 성의 유명한 거인이 포로들을 무자비하게 때립니다. 포로들은 올바른 길을 어떻게 버렸는지, 그들이 예전에 올바른 진리의 길을 떠나지 말라는 경고를 어떻게 받았는지, 그리고 결국 그들이 어떻게 불순종하여 곁길로 빠져 방황하게 되었는지 회상합니다. 그들은 지난날의 모든 잘못들, 그들의 죄들, 그들의 악한 생각들과 말들을 회상합니다. 이 모든 것들은 결국 곤장에 많은 매듭을 만들어, 고통 당하는 불쌍한 포로들에게 더 큰 상처와 아픔을 줍니다.

그러나 어느 날, 번연에 따르면, 그들을 낙심하게 한 기억 자체가 그들을 해방시키는 데 도움을 줍니다. 기억이 크리스첸의 귀에 무언가를 속삭이자 크리스천은 기뻐하며 이렇게 외칩니다. "자유롭게 다닐 수 있는데 이 냄새 나는 지하 창고에 누워 있었다니 나는 얼마나 바보 같은가! 내 품속에는 약속이라는 열쇠가 하나 있지. 확신하건대, 이 열쇠만 있으면 의심의 성에 있는 모든 자물쇠들을 열 수 있어." 그는 품속에서 열쇠를 꺼내어 자물쇠에 집어넣고 유유히 옥문을 엽니다. 다른 포로들의 옥문도 모두 열어 줍니다. 이렇게 기억이라는 복된 행위로, 크리스천과 다른 포로들은 모두 구출됩니다.

오늘 본문은 예레미야 선지자 편에서 기억하는 행위를 기록하고 있습니다. "이것을 내가 내 마음에 담아두었더니 그것이 오히려 나의 소망이 되었사옴은." 앞 절에서 선지자는 기억이 자신에게 낙심을 가져다주었다고 말합니다. "내 마음이 그것을 기억하고 내가 낙심이 되오나." 그리고 지금 그는 그 똑같은 기억이 그에게 위로와 생명을 가져다준다고 말합니다. "이것을 내가 내 마음에 담아두었더니 그것이 오히려 나의 소망이 되었사옴은."

여기에서 우리는 일반적인 원리를 발견할 수 있습니다. 즉 우리가 조금 더 우리의 기억을 훈련시킨다면, 깊고 어두운 고난 속에서도 성냥을 켜서 위로의 등잔을 밝힐 수 있다는 것입니다. 하나님께서 성도들의 기쁨을 회복시키기 위해 새 일을 행하실 필요가 없습니다. 성도들이 기도하면서 과거의 재를 긁어모은다면, 현재를 밝힐 수 있는 빛을 발견할 수 있습니다. 성도들이 진리의 책인 성경과 은혜의 보좌 앞에 나아간다면, 그들의 초는 예전처럼 금세 빛을 발할 것입니다.

저는 이 일반적인 원리를 세 부류의 사람들에게 적용하고자 합니다.

큰 고난을 당한 성도들에게

먼저, 큰 고난을 당한 성도들에게 이 진리를 적용하고자 합니다. 영광의 상속자들에게도 예외 없이 고난이 찾아옵니다. 성도는 온실 속에 사는 존재가 아닙니다. 예수 그리스도를 믿는 신자는 많은 환난을 통과한 후에 하나님의 나라를 상속받습니다. 오늘 본문에 나오는 장을 주의 깊게 읽어 본다면, 기억이 예레미야 선지자의 생각 앞에 갖다 놓으면서 그에게 위로를 주는 일련의 진리들을 볼 수 있을 것입니다.

첫 번째 진리는 우리의 현재 고난이 아무리 심할지라도, 주님의 자비로 인해 우리가 완전히 소멸되지는 않는다는 것입니다. 이것은 분명히 작은 시작입니다. 이 위로는 크지 않습니다. 그러나 아주 허약한 사람이 피라미드에 올라가야 하는 상황에서 피라미드 맨 밑에 서 있다면, 우리는 그에게 처음부터 큰 걸음을 내딛도록 요구해서는 안 됩니다. 첫 발을 내딛는 것만으로도 충분하므로 그에게 작은 돌을 놓아 주어야 합니다. 더 힘이 생긴 후에야 그는 더 큰 걸음으로 올라갈 수 있을 것입니다.

슬픔에 젖은 성도들이여, 주님의 은혜가 아니라면 우리가 천국과 지옥 중 어느 곳에 있을지 생각해 보십시오. 무덤이라는 우울한 대문 너머에 있는 어둠의 영역을 쳐다보십시오. 그곳은 죽음의 그림자 계곡처럼 혼돈으로 가득하고 무질서 그 자체입니다. 그곳에서 유죄

판결을 받아 고통스러워하는 영혼들의 슬픈 외침이 들리십니까? 이를 갈며 슬피 우는 소리가 들리십니까? 화염이 타오르는 것이 보이십니까? 그들은 영원토록 하나님의 존전에서 쫓겨나 악한 영들과 사탄과 함께 절망 속에 갇힌 상태입니다! 그들은 그렇게 끔찍한 화염 속에서 고통 당하기에 낙심만으로는 그들이 당한 재앙을 표현할 수 없습니다. 하나님께서 그들을 버리셨고, 그들에게 저주를 선언하셨고, 영원히 어둠 속에서 있도록 가두셨습니다. 바로 그것이 우리의 운명일 수 있었습니다.

우리의 현재 상황과 그들의 처지를 비교해 보십시오. 그러면 우리는 탄식하며 슬퍼하기보다는 노래할 이유가 있음을 알게 될 것입니다. 산 자가 어떻게 불평할 수 있겠습니까? 베니스의 더러운 지하감옥을 본 적이 있으신지요? 그곳은 해수면 아래에 위치해 있는데 좁은 통로를 따라 기어들어가면 한 사람도 제대로 서 있을 수 없는, 햇빛이라고는 전혀 들어오지 않는 작은 방이 나옵니다. 그곳은 춥고, 더럽고, 눅눅한 곳으로 죽음의 장소라고 부를 만합니다. 하지만 지옥의 영원한 불꽃과 비교할 때, 그곳은 지옥에 있는 사람들에게 얼마나 호화스러운 곳인지요. 이끼가 눈썹을 뒤덮고, 영원히 슬픔 가운데 거하는 지옥과 비교할 때, 죄책의 양심과 하나님의 진노로부터 잠시라도 그들이 피해 안식할 수 있다면, 그곳조차 지옥에 있는 사람들에게는 얼마나 복된 장소일는지요!

사랑하는 성도 여러분, 우리는 그런 지하감옥이나 지옥에 있지도 않습니다. 그러므로 용기를 내서 이렇게 말씀하십시오. "여호와의 인자와 긍휼이 무궁하시므로 우리가 진멸되지 아니함이니이다"(22절). 이것은 약한 위로일 수 있습니다. 그러나 이 불꽃이 내게 작은 불이라도 되면, 더 큰 불길이 되는 것은 시간문제입니다. 난로를 피울 때 처음부터 석탄 덩어리에 불을 붙이지는 않습니다. 일단은 작은 불꽃이라도 만들기 위해 힘쓸 텐데, 그 불꽃이 장작과 석탄에 옮겨붙으면, 불은 결국 활활 타오르게 될 것입니다. 마찬가지로 하찮게 보이는 작은 생각이 슬픔 가운데 두려워하는 여러분에게 위로의 큰 불이 활활 타오르는 시작이 될 것입니다.

더 나은 것이 우리를 기다리고 있습니다. 예레미야는 몇 가지 하나님의 자비들이 있고, 그 자비들이 여전히 계속되고 있음을 일깨워 주고 있습니다. "이것들이 아침마다 새로우니 주의 성실하심이 크시도소이다"(23절).

여러분은 매우 가난하고 물질적으로 궁핍한 사람일 수 있습니다. 이것은 매우 어려운 상황입니다만, 그래도 건강은 좋지 않습니까? 병원에 가서 허락을 받고 수술실에서 진행되는 수술을 지켜보십시오. 병실 침상 옆에 앉아서 환자의 고통과 그의 고달픈 이야기를 들어보십시오. 그러면 분명히 여러분은 "내가 비록 가난해도 탄식할 만한 병이 없으니 내가 누리는 건강으로 인해 하나님께 감사드립니다"라고 말하면서 병원을 나서게 될 것입니다.

아픈 몸을 이끌고 오늘 아침에 예배당에 오셨습니까? 그렇다면 저는 여러분을 모시고 지독한 가난에 찌든 어두운 지하방이나 비참한 다락방에 다녀오고 싶습니다. 그곳에서 하루 벌어서 하루 먹고 사는 사람들과 너무 가난해 영양을 제대로 섭취하지 못하는 사람들과 짚더미가 유일한 안식처인 사람들을 보신다면, 여러분은 이렇게 말하게 될 것입니다. "내 병 정도는 참을 수 있어. 아주 가난해서 굶거나 헐벗은 상태보단 나으니까." 여러분이 처한 곤경이 심할 수 있습니다. 그러나 훨씬 더 안 좋은 처지에 있는 다른 사람들이 있습니다.

여러분이 눈을 열어, 그렇게 하려고만 한다면, 자신이 아직은 비참한 심연의 밑바닥에 떨어져 있지 않음을 깨닫고 감사할 조건을 찾게 될 것입니다. 이것이 우리에게 위로를 주는 일련의 진리 가운데 하나입니다.

두 자녀를 눕힐 침대가 없고, 그들을 덮어 줄 이불이 부족한 가난한 여인이 있었습니다. 한겨울에 그들은 추워서 거의 얼어 죽을 지경이었습니다. 그래서 여인은 지하실 문짝을 떼어다가 그들이 쭈그리고 자는 모퉁이 앞에 세워 놓아 바람과 냉기를 막았습니다. 그러면서 그녀는 자신의 처지를 불평하며 원망했습니다. 그때 두 자녀 중 한 아이가 엄마에게 이렇게 속삭였습니다. "엄마, 바람과 냉기를 막아 줄 문짝이 없는 다른 불쌍한 아이들은 우리보다 얼마나 더 힘들겠어요?"

아무리 최악의 상황에 몰린다 할지라도, 하나님의 자비는 무궁하고 아침마다 새로우니 우리는 여전히 하나님께 감사하며 그분을 높여야 합니다. 이것 또한 고급 단계는 아닙니다. 앞의 것보다 진일보한 단계일 수 있지만, 연약한 자일지라도 쉽게 손을 뻗어 잡을 수 있는 위로입니다.

본문은 위로의 세 번째 근원에 대해 말합니다. "내 심령에 이르기를 여호와는 나의 기업이시니 그러므로 내가 그를 바라리라 하도다"(24절). 우리는 많은 것을 잃었습니다. 그러나 기업은 잃어버리지 않았습니다. 우리의 기업이신 하나님이 우리의 모든 것이 되십니다. 그러므로 하나님을 제외한 모든 것을 잃었다 할지라도 우리에게는 모든 것이 남은 셈입니다. 하나님이 모든 것이 되시니까요. 본문은 하나님이 우리 기업의 일부라고 말하지 않습니다. 오히려 우리 기업의 전부라고 말합니다. 하나님 안에서 우리는 모든 부요함을 소유하고 있습니다.

하나님이 살아 계시는데 우리가 어떻게 희망을 잃을 수 있겠습니까? 우리의 보화가 저 높은 곳에 있는데 어떻게 강탈당할 수 있겠습니까? 대낮에 태양이 밝게 빛나는 동안, 제가 촛불을 켰는데 누군가 그것을 불어 꺼트렸다고 합시다. 그렇다고 제가 촛불이 꺼진 것을 탄식하며 주저앉아 울어야 합니까? 결코 그렇지 않습니다. 태양이 밝게 빛나고 있는데 그럴 필요가 없습니다. 하나님이 우리의 기업이

신데, 이 세상의 보잘것없는 위로를 잃는다고 해서 우리는 불평하지 않을 것입니다. 하늘에 속한 위로가 여전히 남아 있기 때문입니다.

성질 급한 영국의 한 왕이 런던의 시민들과 다툼을 벌였습니다. 그는 당당한 중산층 시민들의 기백을 꺾어 볼 요량으로 그들이 겁낼 만한 위협을 가해 경종을 울리고자 했습니다. 만일 그들이 지금과 같은 태도를 계속 유지한다면 웨스트민스터에서 그의 궁전을 없애 버리겠다고 엄포를 놓은 것이었습니다. 그러자 담대한 시장이 나섰습니다. 왕에게 나아가 그러면 템즈강도 없앨 셈이냐고 물었습니다. 템즈강이 남아 있는 한 왕이 자신이 원하는 곳 어디로 가든 상관없기 때문이었습니다.

세상은 이런 식으로 믿는 우리를 위협합니다. "너희는 더 이상 버티지 못해. 기뻐할 수도 없을 걸. 산 넘어 산으로 고난이 찾아올 거야." 그러나 우리는 세상이 어떤 식으로든 우리에게서 하나님을 빼앗아 가지 못할 것을 알기에 탄식하거나 낙담하지 않습니다.

어떤 철학자는 이렇게 말했습니다. "철학자들은 음악 없이도 얼마든지 춤출 수 있다." 하나님을 진실하게 믿는 성도들은 외적인 위로가 사라졌을 때에도 즐거워할 수 있습니다. 여종 하갈의 아들처럼 물이 떨어진 사람은 불평하고 원망할 수 있습니다. 그러나 약속의 자녀 이삭처럼 우물 곁에 머물러 있는 신자는 결코 목마름을 알지 못할 것입니다.

하나님께서는 우리가 심한 고난 속에서도 즐거워할 수 있도록 은혜를 주십니다. 주님은 우리의 확실한 기업으로서 영원한 기쁨의 근원이 되십니다. 우리는 지금 더 높은 수준의 소망으로 올라왔습니다. 그러나 아직 더 올라가야 할 계단들이 있습니다.

예레미야 선지자는 더 나아가 우리에게 위로의 또 다른 통로를 상기시켜 줍니다. 그것은 바로 하나님이 그분을 찾는 사람들에게 언제나 자비로우시다는 것입니다. "기다리는 자들에게나 구하는 영혼들에게 여호와는 선하시도다"(25절).

하늘을 향해 기도하기를 멈추지 않는다면, 우리는 하나님께서 때리시는 것에서 돌이켜 우리에게 입맞춤해 주실 것을 확신하며 안식할 수 있습니다. 한 거지가 구걸을 하려고 나섰습니다. 가만히 보니 다른 한 거지가 어떤 부잣집 앞에서 문을 두드리고 있었습니다. 잠시 후 그 집 문이 열리고 문을 두드리던 거지가 환대를 받습니다. 그 모습을 지켜본 거지는 자기 차례가 되자 용기를 내어 그 집의 문을 두드릴 수 있었습니다.

사랑하는 성도 여러분, 오늘 아침에 슬픔 가운데 있는 분이 계십니까? 하나님은 하나님을 찾는 자들에게 자비로우십니다. 수천 명의 거지들이 주님의 문 앞에서 환대를 받았습니다. 누구도 냉대를 받은 적이 없습니다. 주님은 모든 주린 자에게 좋은 것을 채워 주시는 분입니다. 그러므로 사랑하는 성도 여러분, 주님께 나아가 두드리십시오. 주님은 값없이 주시는 은혜로운 분입니다. 모든 어려운 상황과 문제 속에서 기도는 우리가 언제든지 유용하게 쓸 수 있는 자원입니다.

존 번연에 따르면, 맨솔(Mansoul)이라는 도시가 포위되어 있을 때, 계절은 한겨울이었고, 도로는 사방으로 막혀 있어 왕에게 도움을 구하기 위해 사람을 보낼 수 없는 절망적인 상황이었습니다. 번연은 그때에도 기도할 수 있는 길은 열려 있다고 우리에게 말해 줍니다. 저는 세상의 도로가 모두 막혀 도움의 손길이 전혀 올 수 없는 상황일지라도, 위로 향하는 도로만큼은 여전히 뚫려 있다는 사실을 분명히 말씀 드리고자 합니다. 어떤 대적도 기도의 길을 막을 수 없습니다. 어떤 장애물도 우리 영혼과 주님의 은혜의 보좌 사이를 가로막을 수 없습니다. 기도의 배는 모든 시험과 의심과 두려움을 뚫고 항해하여 하나님의 보좌 앞에 곧바로 나아갈 수 있습니다. 우리의 기도가 외적으로는 슬픔과 탄식과 한숨이 배어 있을지라도, 우리는 그 배에 언제나 풍성한 축복을 싣고 돌아올 수 있습니다. 그리스도인들에게는 바로 이런 희망이 있습니다. 우리는 기도라는 특권을 허락받은 존재입니다.

> 자비의 보좌가 여전히 열려 있으니
> 여기로 우리의 영혼이 피하리로다.

지금 우리는 더 깊은 기쁨의 바다로 나아가고 있습니다. 또 다른 단계로 올라갑시다. 우리는 고난 당하는 것이 유익하다는 사실로부터 보다 더 큰 위로를 받을 수 있습니다. 젊었을 때 고생은 사서도 한다는 말이 있습니다. 아이들은 약 한번 먹이기가 여간 힘든 게 아닙니다. 많이 아파도 좀처럼 약을 먹으려고 하지 않기 때문에 엄마들은 약을 먹어야 병이 나을 수 있다고 아이들을 설득해야만 합니다. 그러면 아이들은 대개 이렇게 말합니다. "싫어요. 너무 쓰단 말이에요. 절대 안 먹어요." 그러나 어른들은 이렇게 설득할 필요가 없습니다. 약이 쓰다는 것은 어른들에게 전혀 문제가 되지 않습니다. 약을 먹어야 건강해진다는 것을 알기 때문입니다.

우리가 신앙적으로 어린아이라면 고통이 가져다줄 유익한 열매를 생각해야 합니다. 그래야 고통 앞에서 울거나 탄식하지 않을 수 있을 테니까요. 그러나 그리스도 예수 안에서 장성한 자들이라면, 그래서 "하나님을 사랑하는 자 곧 그의 뜻대로 부르심을 입은 자들에게는 모든 것이 합력하여 선을 이루느니라"(롬 8:28)는 말씀을 아는 자라면 기꺼이 고통이라는 쓴 잔을 마실 수 있습니다.

더 나아가 고통으로 인해 하나님께 감사드릴 수도 있습니다. 고통을 통해 영적으로 값진 경험을 할 수 있는데, 왜 그 수렁으로 들어가는 것을 두려워하겠습니까? 소망의 태양이 지고 나면, 그 덕분에 고난의 어둠 속에서 신실하신 하나님께서 하늘에 수놓은 찬란한 약속의 별들을 더 잘 셀 수 있게 되는데 왜 탄식하겠습니까? 태양이 져도 두려워하지 마십시오. 그런 후에야 햇빛에 가려져 있던 어둠

속의 세계들을 볼 수 있기 때문입니다. 하나님의 많은 약속들은 고난의 불을 쬐어야 그 글자가 나타나 읽을 수 있는 은현 잉크로 기록되어 있습니다. "고난 당한 것이 내게 유익이라 이로 말미암아 내가 주의 율례들을 배우게 되었나이다"(시 119:71).

사랑하는 성도 여러분, 이스라엘은 가난한 상태로 애굽으로 이주했습니다. 그러나 그들은 은과 금 등 수많은 보석들을 가지고 애굽에서 나왔습니다. 그들은 고된 노동을 해야 했고, 심히 고통스러운 노예살이를 했습니다. 그러나 그들은 그 고난으로 인해 형편이 나아졌습니다. 그들은 모든 환난을 겪는 가운데 부유해져서 애굽에서 나왔습니다.

한 아이에게 꽃이 만발한 작은 정원이 있었습니다. 그런데 어느 날부턴가 정원의 꽃들이 자라지 않았습니다. 아이는 꽃들을 다시 정성스럽게 심었지만 꽃들은 살지 못했습니다. 다음에는 씨를 뿌려 보았습니다. 곧 싹이 텄지만 얼마 가지 않아 시들어 죽었습니다. 아이는 아빠에게 달려가 도움을 청했습니다. 아빠는 아이의 정원을 보면서 이렇게 말했습니다. "네가 원하는 좋은 정원을 만들어 줄게."

아버지는 곡괭이를 가져왔습니다. 아이는 아버지가 가져온 곡괭이 때문에 정원이 망가질까 봐 걱정되었습니다. 아버지가 열심히 곡괭이질을 하다 보니 땅 속에 있는 큰 돌이 걸렸습니다. 얼마나 크던지 작은 정원 전체를 차지할 정도였습니다. 큰 돌을 캐내느라 그나마 남아 있던 꽃들을 모두 뽑아내는 등 한동안 아이의 정원은 엉망이 되었습니다. 결국 아이는 울음을 터트렸습니다. 그러나 아버지는 아이에게 정원이 다시 멋진 곳이 될 거라고 말했고, 결국 그렇게 만들어 주었습니다. 식물들이 뿌리를 내리지 못하도록 방해하는 큰 돌이 제거되자 아이의 정원은 활짝 핀 꽃들로 가득 찬 아름다운 곳이 되었습니다.

이와 같이 하나님께서는 우리의 영적 성숙을 가로막는 큰 돌을 제거하기 위해 우리의 땅을 갈아엎고 계십니다. 아이처럼 울지 마십시오. 오히려 하나님의 부드러운 손길과 그로 인해 나타날 복된 결과를 생각하면서 위로를 받으십시오.

한 단계 더 올라가면, 우리는 기뻐할 만한 더 좋은 이유를 발견할 수 있습니다. 본문은 이 고난들이 영원히 지속되지 않는다는 사실을 일깨워 줍니다. 적절한 목표와 결과를 이루고 나면 고난은 제거될 것입니다. 하나님은 영원히 버리시는 분이 아니기 때문입니다. 밤이 끝나지 않을 거라고 누가 말할 수 있습니까? 바닷물이 다 빠져나가 이제 개펄만 남을 거라고 누가 말할 수 있습니까? 겨울이 끝나지 않고 폭설이 계속될 거라고 누가 말할 수 있습니까? 밤이 지나면 아침이 온다는 것, 썰물 다음에는 밀물이 온다는 것, 그리고 겨울이 가면 봄과 여름이 온다는 사실을 잘 알지 않습니까?

사랑하는 성도 여러분, 소망을 가지십시오! 영원히 소망을 가지십시오! 하나님은 우리를 잊지 않으십니다. 하나님께서 그 어떤 상황에서든 우리를 사랑하신다는 사실을 알지 않습니까? 어둠에 가려져 있던 산도 아침이 되면 보이게 마련입니다. 이처럼 하나님의 사랑은 우리가 기뻐할 때나 고난 당할 때나 똑같이 미칩니다. 하나님 아버지는 항상 노하시는 분이 아닙니다. 우리가 그렇듯 하나님도 회초리를 싫어하십니다. 다만 우리가 고난을 기쁨으로 받아들이는 성숙한 사람이 되도록, 즉 하나님의 영원한 목적을 선하게 이루도록 징계를 사용하실 뿐입니다.

우리는 장차 천사들과 함께 야곱의 사다리를 타고 올라가서 사다리 맨 위에 앉아 계신 언약의 하나님을 보게 될 것입니다. 장차 영원한 영광 속에서 세상의 시련들을 잊고, 더 나아가 시련들을 통과하게 하시고, 그 시련들을 통해 그분의 영원하고 선한 목적을 이루신 하나님께 영광을 올려드리게 될 것입니다. 잠자리를 들고 날 때마다 주님을 찬양합시다! 뜨겁게 찬양합시다! 황무지에 장미꽃을 피웁시다! 광야에 우리의 환희가 울려 퍼지도록 합시다! 이 세상의 고난은 곧 끝나고, 여러분은 주님과 영원히 함께하는 가운데 행복을 누리게 될 것입니다.

그러므로 사랑하는 성도 여러분, 기억은 영국의 시인 새뮤얼 콜리지(Samuel T. Coleridge)가 표현한 그대로 '기쁨의 근원'입니다. 성령께서 우리의 기억을 그분의 뜻대로 선하게 사용하실 때, 기억은 성도에게 주어진 위로자들 중 가장 으뜸이 될 것입니다.

의심하는 성도들에게

이제 구원받은 증거를 잃어버리고 의심하는 성도들에 대해 살펴보겠습니다. 가능한 한 양극단을 피하고 진리의 좁은 길을 걷는 것이 우리의 바람직한 태도입니다. 우리는 예정설 교리를 믿습니다. 또한 자유 의지의 교리를 믿습니다. 우리는 그렇게 두 산맥 사이로 난 좁은 길을 걷습니다. 이런 태도는 다른 모든 교리에도 해당됩니다. 의심을 죄라고 생각하지 않는 사람들이 있는데, 우리는 그들의 생각에 동의하지 않습니다. 믿음이 있는 곳에는 어떤 의심도 있을 수 없다고 믿는 사람들도 있는데, 우리는 그들에게도 동의할 수 없습니다.

"내가 알기 원하는 한 가지"라는 문구로 시작하는 존 뉴턴(John Newton, 1725-1807)의 감미로운 찬송시를 조롱하는 사람들이 있습니다.

> 내가 알기 원하는 한 가지
> 시시때때로 나를 괴롭히는 질문
> 나는 주님을 사랑하나? 사랑하지 않나?
> 나는 주님의 것인가? 주님의 것이 아닌가?

하지만 우리는 감히 그 찬송시를 조롱하지 않습니다. 우리 역시 이 노래를 불러야 할 때가 종종 있는 사람들이기 때문입니다.

의심이 들지 않기를 바라지만, 때로 의심이 우리를 곤혹스럽게 한다는 사실을 우리는 시인하지 않을 수 없습니다. 성도들의 의심과 관련해 우리가 취할 참된 입장은 이것입니다. 즉 의심은 죄악된 것으로서 권장할 게 되지 못하고, 성도가 피해야 한다는 것입니다. 그러나 또 한편, 대부분의 성도들이 한 번쯤 의심해 본 경험이 있으며, 의심이 곧 '믿음 없음'의 증거도 아니라는 것입니다. 아무리 신실한 그리스도인일지라도 의심에 노출되어 있습니다. 그래서 저는 지금 의심과 싸우는 성도들에게 진리를 전하고자 합니다.

우선, 지난날의 일들을 생각해 보시기 바랍니다. 잠시 시간을 드릴 테니, 여러분의 마음이 말하는 소리를 들어 보십시오. 예수님을 처음 만난 장소를 기억하십니까? 아마 기억나지 않을 수 있습니다. 그러면 예수님께서 여러분을 천상의 잔치로 데려가셨던 행복한 때를 기억하십니까? 주님이 고난 속에서 여러분을 건져내신 일들이 기억나십니까? 고난의 한가운데서 여러분은 인생이 끝장났다고 생각했을 것입니다. 그러나 여러분은 그 고난들을 이기고 이 자리에 있습니다. 놀라운 일이 아닙니까?

아프리카 남쪽 끝의 바다는 거칠기로 유명합니다. 포르투갈의 부실한 배들이 남쪽으로 항해하면서 그곳의 곶에 폭풍봉(Cape of Storms)이라는 이름을 붙였습니다. 그러나 대담한 항해사들이 그 지역을 무사히 항해하게 되면서 그곳을 희망봉(Cape of Good Hope)이라고 바꿔 부르게 되었습니다.

여러분의 삶 속에서도 많은 폭풍봉들이 있었을 것입니다. 그러나 여러분은 그 모든 것을 뚫고 나왔습니다. 이제 그곳을 여러분의 희망봉으로 바꾸십시오. "주는 나의 도움이 되셨음이라 내가 주의 날개 그늘에서 즐겁게 부르리이다"(시 63:7)라는 말씀을 기억하십시오. 다윗과 함께 "내 영혼아 네가 어찌하여 낙심하며 어찌하여 내 속에서 불안해 하는가 너는 하나님께 소망을 두라 그가 나타나 도우심으로 말미암아 내가 여전히 찬송하리로다"(시 42:5)라고 고백하십시오.

저 또한 제 영혼이 예전에 하나님과 달콤한 교제를 나누었던 순간들이 생각납니다. 또한 큰 고통 중에 있을 때 구주의 이름을 부르자 제 영혼이 즉시 가장 높은 기쁨의 자리에 올라갔던 순간들이 생각납니다. 주님의 성찬에 참여하고, 은밀히 기도하는 중에, 그리고 주님의 말씀을 듣는 중에 제가 이렇게 말했던 것이 생각납니다.

> 나의 영혼이 이와 같은 황홀한 빛 가운데 거하며,
> 앉아서 영원한 천국에 상달되도록 찬송하리라.

저는 이것을 기억하며 소망을 갖습니다. 예전에 제게 얼굴을 비춰 주신 주님이 저의 영원한 기업이시기 때문입니다. 하나님께서는 나중에 미워하게 될 대상을 잠시만 사랑하시는 법이 결코 없습니다. 하나님의 뜻은 결코 변하지 않습니다. "내가 너를 내 손바닥에 새겼고"(사 49:16)라고 말씀하시는 분께서 자신에게 그렇게 소중한 사람들을 잊거나 버리시지 않습니다.

그러나 어쩌면 이 말이 여러분에게 위로가 되지 않을 수도 있습니다. 그렇다면 자신들의 삶 속에서 신실하셨던 하나님에 대해 고백하는 다른 성도들의 이야기를 들어보십시오. 그들이 부르짖으며 기도할 때 하나님께서는 그 소리를 듣고 그들을 건져 주셨습니다.

여러분의 어머니를 생각해 보십시오. 그분은 지금 천국에 계십니다. 자녀인 여러분은 이 세상에서 어려움을 당하고 있습니다. 어머니가 임종할 때 여러분에게 해주셨던 말씀이 생각나십니까? 어머니는 살아오는 나날 동안 하나님께서 자신에게 신실하고 진실하셨다고 고백합니다. 그분은 과부였고, 여러분은 어린아이였습니다. 어머니는 하나님께서 자신의 기도를 들으사 자신과 자신의 자녀들, 그리고 다른 모든 가족들에게 필요한 모든 것을 공급해 주셨다고 고백합니다. 어머니의 간증을 믿으십니까? 그렇다면 어머니와 같은 믿음을 가지고 어머니의 하나님께 의지하지 않으시겠습니까?

여기 이 자리에는 주님 앞에서 50년 혹은 60년을 넘게 살아온 연세 지긋한 성도님들이 계십니다. 그분들 중에 특정한 날짜를 가리키며 "이때는 주님이 신실하지 않으셨어" 또는 "이때는 주님이 나를 고난 중에 내버려 두셨지"라고 말하는 분은 한 분도 안 계실 것입니다. 모두들 지나온 나날 동안 하나님께서 자신에게 신실하셨다고 고백할 것입니다.

젊은 축에 속하지만 나름대로 고난을 많이 겪은 저 역시 자신 있게 그렇게 말할 수 있습니다. 또 마땅히 그렇게 말해야 합니다. 제가 하나님의 신실하심을 말하지 않는다면, 이 예배당의 목재들이 저의 배은망덕한 침묵을 책망할 것입니다. 하나님은 신실하신 분입니다. 하나님은 종들을 기억하시며, 그들을 고난 속에 그냥 내버려 두지 않으십니다. 우리의 증거를 들은 지금, 여러분은 본문처럼 "이것을 내가 내 마음에 담아 두었더니 그것이 오히려 나의 소망이 되었사옴은"이라고 말하고 싶지 않으십니까?

다시 말씀 드리지만 생각해 보십시오. 그러면 이것이 여러분에게 위로가 될 것입니다. 비록 여러분이 스스로를 하나님의 자녀가 아니라고 생각할지라도, 잠시 생각해 본다면, 여러분에게 성령의 손길이 닿았던 희미한 흔적들을 발견할 수 있습니다. 그리스도의 완벽한 전체 그림은 아직 없지만 그 윤곽과 대략적인 그림이 보이지 않습니까? 제 말이 무슨 뜻인지 아리송하다면 이렇게 말씀 드려 보겠습니다.

여러분은 그리스도인이 되고 싶지 않으십니까? 하나님을 향한 갈망이 있지 않습니까? "내 마음과 육체가 살아 계시는 하나님께 부르짖나이다"(시 84:2)라고 말하고 싶지 않습니까? 제 자신은 이것으로 종종 위로를 받습니다. 저는 고난 당할 때마다 "제가 주님과 같이 되기 전까지 결코 만족할 수 없습니다"라고 기도합니다. 제가 아는 한 가지는 '예전에는 내가 보지 못하는 소경이었으나 지금은 본다'는 것입니다. 적어도 저는 제 자신의 연약함과 죄를 충분히 보고 있습니다. 제게 더 많은 것이 필요함을 느끼고, 더 많은 것을 소유하기 전까진 만족할 수 없음을 느낄 정도로 저는 영적인 생명을 충분히 소유하고 있습니다.

이제까지 우리에게 많은 구원의 사역을 행하신 성령께서 이후에도 행하실 것입니다. 선한 일을 시작하신 성령께서 그 일을 예수 그리스도의 날까지 완성하실 것입니다. 이 점을 기억하고, 소망을 가지십시오.

그런데 저는 성경 속에 여러분의 경우를 정확하게 묘사하는 약속이 하나 있음을 일깨워 드리고 싶습니다. 한 젊은이가 아버지로부터 전 재산을 상속받았습니다. 그러나 한 반대자가 그의 권리에 의문을 표합니다. 이것은 법정에서 가려야 할 문제로, 젊은이는 모든 합법적인 권리가 본인에게 있다고 확실히 느꼈지만 그 증거를 제시할 수는 없었습니다. 변호사는 그에게 더 많은 증거를 제시할 필요가 있다고 조언해 주었습니다. 그러나 젊은이는 그 증거를 어디서 찾아야 할지 알지 못했습니다. 그는 아버지가 서류들을 보관했던 오래된 창고로 가서 모든 서류를 뒤져 해묵은 양피지를 하나 찾아냈습니다. 그는 두근거리는 마음으로 양피지를 묶은 빨간 끈을 풀었습니다. 그것이 바로 그가 찾던 아버지의 유서였습니다. 유서에는 전 재산을 아들에게 물려준다는 내용이 분명히 기록되어 있었습니다. 그는 그 유서를 가지고 법원으로 담대히 갔습니다.

이처럼 우리가 의심에 빠질 때 오래된 성경책을 집어 들고 "여기에 나를 위한 약속이 있어"라고 말할 수 있을 때까지 말씀을 읽는 것도 좋은 방법입니다. 어쩌면 그 약속은 다음과 같은 말씀일 수도 있습니다. "가련하고 가난한 자가 물을 구하되 물이 없어서 갈증으로 그들의 혀가 마를 때에 나 여호와가 그들에게 응답하겠고 나 이스라엘의 하나님이 그들을 버리지 아니할 것이라"(사 41:17). 또는 이런 말씀일 수도 있습니다. "원하는 자는 값없이 생명수를 받으라 하시더라"(계 22:17). 의심이 들고 낙심하고 있는 성도 여러분, 성경책을 자세히 읽고 살펴보시기 바랍니다. 그러면 성령께서 여러분에게 약속하신 매우 귀중한 영생의 양피지들을 발견할 수 있습니다.

이런 생각들로도 위로가 충분히 되지 않는다면 한 가지 더 말씀 드려 보겠습니다. 지금 여러분은 저를 응시하면서 제가 새로운 내용을 말할 것처럼 쳐다보고 계십니다. 그러나 아닙니다. 이제 제가 말씀 드릴 것은 결코 새로운 게 아닙니다. 그러나 이것은 하늘에서 전해진 진리 중 최고의 진리입니다. 바로 "그리스도 예수께서 죄인을 구원하시려고 세상에 임하셨다"(딤전 1:15)는 진리입니다. 여러분은 이 말씀을 천 번도 넘게 들으셨을 것입니다. 하지만 들을 때마다 여태껏 들은 음악 중 최고라는 생각이 들지 않습니까?

저는 성자가 아니라 죄인입니다. 저는 무죄한 사람인 양 하나님의 은혜 보좌에 다가갈 수는 없지만 죄인의 신분으로는 다가갈 수 있습니다. 어떤 왕이 특별한 일이 있을 때마다 도시의 모든 거지들을 초대해 환대하는 일을 정기적으로 했습니다. 왕의 주변에는 고급 옷을 걸친 상류층들과 신하들이 앉아 있을 뿐만 아니라 누더기를 걸친 거지들도 같은 식탁에 왕과 마주 앉았습니다. 그런데 어느 날 연회에 초대받은 한 고위관리가 비단옷을 다림질하다가 그만 망쳐 버리는 바람에 그 옷을 입고 왕 앞에 나갈 수 없는 난감한 일이 벌어졌습니다. 그 신하는 '입고 갈 옷이 없으니 오늘은 왕의 연회에 갈 수 없겠구나' 하는 생각에 하염없이 눈물을 흘렸습니다. 그러다 문득 이런 생각이 들었습니다. '오늘 왕이 베푼 연회에 관리들은 아름다운 옷을 입고 참석하겠지. 누더기를 입은 거지들도 똑같이 환영받으며 연회에 참석하고 말이야. 그래, 그러면 되겠네! 거지 옷을 입고 거지 자격으로 연회에 참석해 왕의 식탁에서 왕의 얼굴을 보며 함께 식사하는 거야.' 그는 더 이상 탄식하지 않고 누더기를 걸쳤습니다. 그는 그렇게 거지 신분으로 연회에 참석해 화려한 옷을 입은 관리들과 똑같이 왕의 얼굴을 볼 수 있었습니다.

제 영혼은 이 비유를 묵상할 때가 많습니다. 여러분도 그렇게 해 보시기 바랍니다. 우리가 성자(聖子)의 신분으로 연회에 참석하지 못한다 할지라도 죄인의 신분으로는 참석할 수 있습니다. 그곳에 가기만 하면 기쁨과 평화를 누릴 수 있습니다.

한 북부 지역에서 안타까운 사고가 발생한 적이 있었습니다. 탄광의 갱도가 무너져서 수많은 광부들이 갱도 속에 갇히게 되었습니다. 갱도 속에 갇힌 사람들은 어둠 속에서 함께 찬양하며 기도하기 시작했습니다. 그들은 지하 공기가 유입되어 호흡할 수 있는 한 곳에 모여서 공기가 부족해 갱도 안의 불빛이 모두 꺼질 때까지 찬양을 했습니다. 얼마 지나지 않아 그들은 완전히 어둠에 갇혀 버렸습니다. 그때 그들 가운데 한 광부가 그들이 갇힌 갱도가 수년 전에 폐쇄된 오래된 갱도와 연결되어 있을지 모른다며 길고 좁은 통로지만 납작 엎드려서 기어 나가자고 제안했습니다. 그 통로는 아주 길었지만 그들은 결국 기어서 다른 갱도에 도착할 수 있었고 마침내 구조되었습니다.

성자의 신분으로 그리스도께 나아가 길이 막혀 있고, 똑바로 서서 아버지의 얼굴빛을 볼 수 없다 할지라도, 우리에게는 또 다른 오래된 갱도가 있습니다. 죄인들이 지나갈 수 있고, 도적들도 지나갈 수 있고, 죄인의 괴수인 저도 겸손한 마음으로 납작 엎드린 채 기어가서 아버지의 얼굴을 보며 "아버지 내가 하늘과 아버지께 죄를 지었사오니 지금부터는 아버지의 아들이라 일컬음을 감당하지 못하겠나이다"(눅 15:21)라고 말할 수 있을 때까지 주님께 나아갈 수 있는 오래된 또 다른 통로가 있습니다.

어떤 죄를 지었든지, 세상의 괴수라 할지라도 우리는 죄인의 신분으로 담대히 하나님께 나아갈 수 있습니다. "그리스도 예수께서 죄인을 구원하시려고 세상에 임하셨다"(딤전 1:15). 이 사실을 기억하십시오. 그러면 소망을 가질 수 있습니다.

구도자들에게

구도자들과 관련해 몇 가지를 말씀 드리고자 합니다. 항상 우리 교회에는 하나님을 찾는 구도자들이 왔습니다. 앞으로 더 많은 구도자들을 보내 주시길 하나님께 부탁 드리는 마음입니다! 제 설교를 통해 이 주변의 모든 사람들이 하나님을 찾거나 발견한다면 얼마나 영광스러운 일이겠습니까? 이런 구도자들이 없었다면 우리의 사역은 정말로 생기가 없었을 것입니다. 여러분 중에는 오늘도 하나님을 찾기 위해 이 자리에 오신 분들도 계실 것입니다. 또한 '나는 구원받을 수 없을 것'이라고 두려워하면서 고통받는 분들도 계실 것입니다. 그런 분들에게 소망을 주는 몇 가지 진리들을 일깨워 드리기 위해 몇 말씀 드리고자 합니다.

우선, 여러분 중에 선택의 교리 때문에 당혹스러운 분이 계시지는 않습니까? 저는 오늘 아침에 이 교리를 자세히 설명할 수는 없습니다. 다만 제가 이 교리를 믿으며 기쁨으로 받아들인다는 점을 말씀 드립니다. 이 교리가 여러분에게 당혹감을 준다고 할지라도 진리임을 확신함으로써 여러분도 평안할 수 있기를 바랍니다. 여러분의 마음에 들든 그렇지 않든 이 교리는 진리입니다. 교리의 문제는 내가 그것을 좋아하느냐 좋아하지 않느냐에 달린 의견과 선택의 문제가 아님을 기억하십시오.

여러분은 성경으로 돌아가야만 합니다. 성경에서 이 교리를 발견했다면 그것을 진리로 믿어야 합니다. 제 말을 잘 들으시기 바랍니다. 여러분은 일반적으로 인류 중 일부가 지옥에 가는 것이 단지 하나님의 뜻이기 때문에 그들이 지옥에 가는 것이라고 생각하지는 않습니까? 그것은 성경에서 근거를 찾아볼 수 없는 악한 생각이므로 폐기해 버리시기 바랍니다. 어떤 사람이 타락해 지옥에 가는 것을 하나님께서 결정하셨기 때문에, 그가 망가진 인생이 되었다고 생각하는 사람의 양심 속에는 지옥에 대한 두려움이 있을 수 없습니다. 지옥의 본질은 죄이며, 고의적으로 죄를 범했다는 죄의식이기 때문입니다. '나는 내 의무를 알고 있으면서도 행하지 않았다. 선택의 교리처럼, 하나님께서 그렇게 되도록 결정한 그 무엇 때문이 아니라, 바로 나 자신의 죄 때문에 나는 고의적으로 하나님께 죄를 지었고, 하나님 앞에 죄인으로 서 있다'라는 생각을 전혀 하지 않으며, 그로 인해 고통스러워하지도 않는 사람에게 지옥의 불길에 대한 두려움이 있을 수 없습니다.

그런 잘못된 생각을 뒤로하고 나아갈 때 우리는 위로를 향해 걸어갈 수 있습니다. 선택의 교리를 통한 하나님의 의도가 무엇이든지 간에, 복음 안에는 구원이 필요한 죄인들에게 값없이 제공되는 구원의 초대가 있다는 사실을 다시 한 번 기억하십시오. "원하는 자는 값없이 생명수를 받으라"(계 22:17).

지금 여러분은 "나는 그 두 가지를 조화시킬 수 없어요"라고 말할 수도 있습니다. 선택 교리뿐만 아니라 우리가 인간의 이성으로 완전히 이해할 수 없는 다른 많은 교리들이 있습니다. 그러나 우리가 다 이해하지 못한다 할지라도 하나님은 그 두 가지를 온전히 조화시키실 수 있습니다. 여러분이 구원받기 전에 먼저 철학자가 되어 교리를 따져 봐야겠다고 생각하지 않기를 바랍니다.

여러분이 회개하지 않고 완고한 바보가 되어 세상적으로 지혜롭게 되려고 애쓰는 동안에, 그 지혜가 아무 소용없는 지옥에 빠지는 불행이 임하고도 남을 수 있기 때문입니다. 하나님께서는 여러분에게 그리스도를 신뢰하라고 명령하십니다. 그리고 믿는 자는 누구든지 구원을 받을 것이라고 약속하십니다. 신앙적 고민들을 먼저 내려놓고 그리스도를 신뢰하십시오. 그러면 지금보다 더 그것들을 잘 이해할 능력을 갖게 될 것입니다.

복음을 이해하기 위해서는 먼저 예수 그리스도를 믿어야 합니다. 예수 그리스도는 "나로 말미암지 않고는 아버지께로 올 자가 없느니라"(요 14:6)고 말씀하십니다. 선택은 성부 하나님의 사역입니다. 성부 하나님은 죄인들을 선택하십니다. 예수 그리스도는 속죄를 이루십니다. 여러분은 성부 하나님을 '선택하시는 하나님'으로 이해하기 전에 우리 죄인들의 속죄 제물 되신 예수 그리스도에게 먼저 나아가야 합니다. 예수님께서 말씀하시는 것처럼 먼저 성자 하나님 예수 그리스도에게 가십시오. 심지어 선택 교리에 대한 여러분의 생각이 옳다 할지라도, 여러분이 주님을 찾지 않는다면 멸망할 수 있다는 사실을 한 번 더 기억하시기 바랍니다.

내가 주님을 믿지 않는다면,

내가 죽어, 멸망을 피할 수 없음을 아네.

또, 내가 영원히 죽어야만 함을 아네.

그러나 내가 주님을 믿어,

주님의 자비를 받는다면,

내가 죽는 것이 기쁜 일임을 아네.

주 안에 있는 죄인은

결코 죽지 않음을 알기에.

여러분이 멸망할 수밖에 없을지라도 예수 그리스도를 신뢰하십시오. 그리스도를 신뢰한다면 여러분은 결코 멸망하지 않을 것입니다. 이렇게 말하면 어떤 분은 또 이렇게 말씀하실지도 모릅니다. "좋습니다! 그러나 내 죄가 얼마나 큰지 목사님은 모릅니다. 나 같은 사람이 어떻게 용서받고 구원받을 수 있겠습니까?"

"그리스도 예수께서 죄인을 구원하시려고 세상에 임하셨다"는 사실을 떠올리고 희망을 가지십시오. 사도 바울은 "그리스도 예수께서 죄인을 구원하시려고 세상에 임하셨다 하였도다 죄인 중에 내가 괴수니라"(딤전 1:15)고 말합니다. 바울은 죄인들 중에 괴수였습니다. 그런 그가 자비의 문을 통과해 들어갔습니다. 죄인의 괴수가 자비의 문을 통과해 들어갔다면, 어떤 죄인이 그 문을 통과하지 못하겠습니까? 죄인들의 괴수가 구원받았다면 여러분은 얼마나 구원받기에 충분한 사람들이겠습니까? 왜 구원받지 못한다고 생각하십니까?

일전에 오포드 씨에게 들은 이야기가 생각납니다. 플리머스에 솔태시 다리(Salt-ash Bridge)가 처음 만들어졌을 때, 그 다리가 안전하다고 믿지 않는 한 여자가 있었습니다. 그녀는 기차들이 그 다리를 반복해서 지나가는 걸 보았습니다. 사실 그 다리는 한 번에 수천 톤의 무게를 견디도록 튼튼히 설계되었습니다. 그러나 그녀는 그 다리가 안전하다고 전혀 믿지 않았기에 그 다리를 지나다니는 사람들을 미쳤다고 생각했습니다. 다리가 완전히 비어 있고 차량이 한 대도 지나가지 않을 때, 다리를 한번 건너 보는 게 어떻겠느냐는 제안을 그녀는 받았습니다. 그녀는 용기를 내어 다리를 건너기로 했지만, 얼마 건너지 못해 벌벌 떨기 시작하더니 건너는 내내 다리가 그녀의 무게를 지탱하지 못해 주저앉을까 봐 사시나무 떨듯이 떨었습니다. 사실 그 다리는 수천 톤의 화물도 충분히 견디도록 설계된 다리입니다. 그런데 그녀의 몸무게 하나 지탱하지 못하겠습니까?

모두들 얘기하듯 우리는 큰 죄인입니다. 그러나 하나님의 진노를 넉넉히 이겨 낸 그리스도라는 견고한 다리가 우리 죄의 무게를 견디지 못하겠습니까? 이미 이 다리는 예전에 수많은 죄인들을 천국으로 옮겨 놓았습니다. 지금도 그 일을 하고 있으며, 영원토록 그들을 영원한 안식처로 실어 나를 것입니다. 그 사실을 기억하십시오. 그러면 소망을 가질 수 있습니다.

어떤 분은 다시 이렇게 말할 것입니다. "좋습니다. 그러나 저는 용서받을 수 없는 죄를 지었는 걸요."

사랑하는 성도 여러분, 저는 여러분이 그렇지 않다고 믿습니다. 한 가지 사실을 기억해 보시기 바랍니다. 용서받을 수 없는 죄는 사망에 이르는 죄라는 사실입니다. 사망에 이르는 죄는 양심에 죽음과 마비를 가져오는 죄입니다. 이 죄를 범한 사람은 나중에라도 결코 죄 지은 것으로 인해 양심에 가책을 느끼지 않습니다. 말 그대로, 그 사람은 죽어 있습니다. 그런데 지금 여러분은 죄책감을 느끼고 있습니다. 또한 죄로부터 구원받기를 소원할 정도로 충분히 양심을 가지고 있습니다. 예수님의 보혈로 깨끗이 씻음 받기를 갈망할 정도로 정결한 양심을 가지고 있습니다. 그러니 여러분은 용서받을 수 없는 죄를 범한 것이 아닙니다. 소망을 가지시길 바랍니다. 모든 죄는 사함받을 수 있습니다.

그래도 이렇게 말씀하고 싶으신가요? "저는 여전히 회개할 수 없어요. 제 마음은 너무나 더럽고 완고하니까요." 우리가 회개하고 죄사함 받을 수 있도록 예수 그리스도께서 하늘로 올라가셨기 때문에 여러분이 예수님께 나와 용서받을 수 있다는 사실을 기억하십시오. 주저하지 않고 주님께 나와 용서를 베풀어 달라고 요청하십시오. 그러면 주님께서 용서를 베풀어 주십니다. 주님을 믿고 구원받아 평안을 얻은 자에게는 두려움이 없습니다. 이 점을 확신하고 안식하십시오.

다시 이렇게 말씀하고 싶으신가요? "그러나 나는 구원받기에 합당한 자격과 능력이 없어요."

사랑하는 친구여, 이것을 기억하시길 바랍니다. 예수 그리스도는 죄인들을 구원할 만한 자격과 능력을 갖추고 계십니다. 저는 여러분이 원하는 것을 알지 못합니다. 그러나 예수 그리스도께서 여러분이 원하는 것을 가지고 계심을 압니다. 저는 여러분이 가지고 있는 죄라는 질병이 얼마나 심각한지 알지 못합니다. 그러나 그리스도가 그 질병을 온전히 치료할 수 있는 의사이심을 압니다. 저는 여러분의 본성과 성품이 얼마나 완고하고 교만하고 영적으로 무지하며 죽어 있는지 알지 못합니다. 그러나 그리스도가 흉악한 죄인들까지 구원하실 수 있다는 것을 압니다. 여러분의 현재 모습이 어떠하든지 그것은 구원과 아무 상관이 없습니다. 여러분이 어떻게 구원받을 수 있는지에 관한 참된 대답은 하나님의 흠 없는 어린양께서 흘리신 피에 있습니다.

그리스도는 자신 안에 구원의 모든 것을 소유하고 계십니다. 그리스도는 알파와 오메가이십니다. 그분은 구원을 시작하기만 하고 그 후에는 여러분이 멸망하도록 내버려두거나 구원 사역의 일부라도 여러분이 감당해야 한다고 요구하지 않으십니다. 그분은 구원의 기초이자 정점입니다. 그분은 씨앗으로 여러분과 함께 시작하지만, 결국은 풍성한 열매로 여러분을 열매 맺게 하실 것입니다.

마침내 죽은 자들을 깨울 하나님의 나팔 소리와 같은 한 목소리가 제게 있습니다. 그 목소리를 단 한 문장으로 언급하자면 이렇습니다. "너의 도움은 그리스도 안에 있다."

여러분 자신의 본성과 성품을 바라보면 아무 소망도 보이지 않을 수 있습니다. 여러분의 성품은 그 자체로 죽었고 썩어 있습니다. 그러므로 여러분을 낙심케 하는 죄성으로부터 눈을 돌려 그리스도를 바라보십시오. 그분은 인간의 죄 때문에 대신 드려진 속죄 제물입니다. 그분의 의는 모든 인간들을 덮을 수 있고, 하나님 앞에서 영원토록 받아들여질 수 있게 만드는 '의'입니다. 지금 여러분의 모습이 얼마나 추악하든지 간에 그 모습 그대로 그리스도를 바라보십시오. 있는 그대로 그리스도에게 나아가십시오. 여러분을 구원하실 수 있는 예수 그리스도를 신뢰하십시오. 그러면 영원히 지속되며 부끄러워하지 않을 소망을 얻게 될 것입니다.

저는 이제까지 위로가 될 수 있는 말들을 자세하게 전했습니다. 특별히 친숙하고 친밀한 언어로 전달하려고 노력했습니다. 그러나 사랑하는 성도 여러분, 진정한 위로자는 성령님이십니다. "성령님! 우리가 당신 없이 무엇을 할 수 있을까요? 당신만이 우리의 슬픔을 씻어 내고 기쁨을 주실 수 있습니다." 영혼들을 위로하는 것은 하나님 그분의 사역입니다.

그러므로 우리 구주의 약속, 즉 "내가 아버지께 구하겠으니 그가 또 다른 보혜사를 너희에게 주사 영원토록 너희와 함께 있게 하리니"(요 14:16)라는 주님의 약속을 기억합시다. 그리고 주님께서 우리로 하여금 그분의 영광에 이르게 하실 때까지 우리와 함께하시고, 우리의 영원한 위로가 되시는 것, 이것을 여러분의 기도로 삼으시기 바랍니다. 아멘.

묵상과 기도

1. 낙심한 성도들이 기억해야 할 것들은 무엇입니까? 공감되는 것들에 모두 표시해 보십시오.

    ☐ 아무리 고난이 심해도 주님의 자비로 우리는 완전히 소멸되지 않음
    ☐ 곤핍하고 어려운 상황 속에서도 늘 감사할 조건을 찾을 수 있음
    ☐ 기업 되신 하나님이 계시는 한 우리는 여전히 모든 것을 소유한 것임
    ☐ 하나님은 자신을 찾는 이들에게 항상 자비로우심
    ☐ 때론 고난 당하는 것이 영적 성숙과 열매 맺는 삶에 유익함
    ☐ 고난은 영원히 지속되지 않음

2. 의심에 빠진 성도들이 기억해야 할 것들은 무엇입니까? 공감되는 것들에 모두 표시해 보십시오.

    ☐ 주님과 함께했던 좋은 기억과 주님의 도우심으로 지나온 고난의 날들
    ☐ 하나님의 신실하심을 증거하는 신앙 선배들의 이야기
    ☐ 내 삶에 성령의 손길이 지나간 흔적들 (성령의 역사하심)
    ☐ 성경에 나오는 약속의 말씀
    ☐ 예수님께서 죄인을 구원하기 위해 세상에 오셨다는 진리

3. 구도자들이 기억해야 할 단 한 가지는 무엇입니까?

5장_ 바랄 수 없는 중에 바라는 소망

1868년 7월 19일 주일 아침
No.821
그를 이리로 데려오라(마 17:17).

오늘 본문은 하나의 이야기로 되어 있지만, 한 구절만 뽑을 필요가 있어 전체 이야기의 요점으로 이 구절을 선택했습니다.

우리 주 예수 그리스도의 나라는 한편으로는 지상에 있지만 몹시 광대하여 천국과 지옥 두 영역을 포함합니다. 우리는 예수 그리스도가 갑자기 영광 가운데 천국 문에 계신 것처럼 모세 및 엘리야와 대화를 나누는 모습을 봅니다. 그리고 두세 시간 정도 지나서 지옥을 무너뜨리기라도 하듯 악한 영을 쫓아내시는 모습을 봅니다. 족장들로부터 마귀, 선지자들로부터 벙어리귀신에 이르기까지 긴 여정이 여기에 있습니다. 그러나 자비가 그리스도를 움직이며, 권능이 그분에게 능력을 공급합니다. 그래서 그리스도는 어느 곳에서든지 동일하게 영광을 받으십니다. 스스로를 낮추어 지상사역을 하는 중에도 그리스도는 영광스러운 주님이셨습니다! 지금도 그리스도는 얼마나 영광스러운 하나님이신지요! 그분의 자비가 얼마나 멀리 미치는지요! 진실로 그분은 해 뜨는 곳에서 해 지는 곳까지 온 세상을 통치하십니다. 그분의 나라는 인간의 모든 영역에 미칩니다.

우리 주님은 적을 정복한 성도의 외침을 기쁨으로 들으십니다. 동시에 자신감을 몽땅 상실해 주님의 구원을 갈망하는 죄인의 절망적인 탄식에도 귀를 기울이십니다. 주님은 용사가 영적 전투에서 승리하여 그분에게 바치는 승리의 면류관을 받으십니다. 그런가 하면 상한 심령을 치료하시고 그들의 상처를 싸매십니다. 임종 시 영원한 안식에 들어갈 때 승리했기에 기뻐하는 성도의 임종 장면과 자신이 핍박한 구주의 자비를 구할 때 다소의 사울이 울부짖은 첫 회개 사이에는 큰 차이가 있습니다. 그러나 주님의 마음과 눈은 두 사람을 향해 있습니다.

우리 주님이 변화산에서 변화된 모습은 그분이 귀신을 쫓아내는 데 장애가 되지 않았습니다. 또한 그분이 너무 웅대하고 영적인 분이라 인간의 질병들과 씨름할 필요를 느끼지 못하게 만들지도 않았습니다. 이 시간에도 하늘의 영광은 그분을 이 땅의 불행과 비참함으로부터 떼어놓지 못하고, 그분으로 하여금 눈물의 골짜기에서 그분을 찾는 연약한 자들의 외침과 눈물을 잊게 하지도 않습니다.

이 시간에 우리가 특별히 생각해 보고 싶은 오늘 본문은, 말 못하고 듣지 못하는 벙어리귀신에 들린 사람의 경우로서 매우 주목할 만한 사건을 다루고 있습니다. 모든 죄는 우리 영혼이 사탄의 지배 아래에 있다는 증거입니다. 모든 불신자들은 실제로 어떤 의미에서는 사탄에 사로잡혀 있습니다. 사탄이 그들의 마음속에 자신의 보좌를 세우고, 거기서 통치하는데, 특히 그들의 몸의 지체를 통해 통치합니다.

"지금 불순종의 아들들 가운데서 역사하는 영"(엡 2:2)은 바울이 이 어둠의 왕에게 붙여 준 이름입니다. 그러나 이런 사로잡힘이 모든 경우에 비슷한 것은 아닙니다. 동일한 주 예수 그리스도에 의해 그러한 이적들이 일어나지만, 사탄이 늘 동일한 방식으로 쫓겨나는 것은 아닙니다. 우리가 죄 가운데 살았을 때 죄의 맹렬한 지배 가운데 넘겨지지 않았음으로 인해 먼저 하나님께 영광을 돌립니다. 우리는 이에 대해 왈가왈부할 권리가 전혀 없습니다. 다만 하나님께 감사를 돌릴 뿐입니다.

우리는 바람이 불면 흩어지는 겨와 같지 않습니다. 주님의 보호를 받기 때문입니다. 사탄의 쇠사슬 아래 있었을 때 큰 어둠과 절망의 공포 가운데 내버려지지 않았음에 대해 또한 하나님께 감사를 드립니다. 그리고 예수님께서 우리를 구원하기 위해 오셨을 때 우리는 여전히 사탄에게 많이 방해를 받고, 죄의 욕망에 완전히 사로잡혀 있는 상태였는데, 주님께서 그분의 황금 열쇠로 우리의 마음을 부드럽게 여겼고, 우리의 마음 방에 들어와 우리를 사로잡아 주셨습니다. 대체로 예수님께서 그분의 백성들의 영혼 속에 이루신 구원과 정복은 동일한 성령의 능력으로 행하신 일이지만, 오늘 본문의 사건에 비하면 보다 더 차분하게 이루어진 것들입니다. 이것이 모두 하나님의 은혜에서 비롯된 일이므로 하나님께 영광을 돌립니다.

그런데 때때로 오늘 본문의 사건과 같은 특이한 경우들이 있습니다. 그때는 사탄이 맹렬하게 반격하며 적의에 찬 최고의 힘을 발휘하는 것처럼 보이지만, 그 동일한 사건 속에서 주 예수님께서는 능력 있는 탁월한 권세를 보이사 사탄을 폐위시키시고, 다시는 그 사람에게 들어가지 못하게 쫓아 버리십니다. 오늘 아침 이 예배당에 이런 사람이 있다면, 잃어버린 한 마리의 양을 찾기 위해 아흔아홉 마리의 양을 들판에 두고 찾아 나선 주님께서 그를 돌봐 주실 것입니다.

수년의 세월이 흘렀지만 그런 사람이 예수님에게 인도되어 그분을 즐거워하게 되기를, 그리고 주님께서 방황하고 길 잃은 양을 찾아 주시길 기도 드립니다. 또한 주님께서 성령의 기름 부음으로 사탄의 죄 사슬에 묶여 있었던 자들을 해방시키사, 오늘 이 아침에 그들이 주님의 자녀들이 될 수 있기를 또한 기도 드립니다. 아들이 그들을 자유케 하면 그들은 진정 자유로워질 것입니다.

먼저, 오늘 본문에 나온 딱한 처지에 대해 생각해 보고자 합니다. 그런 다음, 유일한 구원자에 대해 생각해 보고, 확실한 결론을 제시함으로써 설교를 마무리 짓고자 합니다.

딱한 처지

시간이 허락하는 한 오늘 본문에 나오는 딱한 처지를 상세하게 살펴보겠습니다. 우리는 그리스도께서 일으키신 육체적 기적들을 그분의 영적 사역으로 이해합니다. 그분이 물질 세계에서 행하신 이적들은 영적 세계에서 비슷한 짝을 가지고 있습니다. 외적이고 물질적인 것은 내적이고 영적인 것의 상징입니다. 지금 치료받기 위해 자기 아버지에게 이끌려 온 귀신 들린 자는 그 영이 더러운 영으로 불리고, 사탄이 모든 영역에서 괴롭히고 있다 할지라도, 일반적인 죄에 해당되는 경우가 아닙니다. 다만 악한 사탄에게 괴로움을 당하고 위험에 처할 정도로 큰 공포와 마음의 착란, 절망에 완전히 사로잡힌 경우입니다.

우리는 그 질병이 귀신 들린 자를 압도적으로 공격하는 가운데 귀신 들린 자가 명백하게 자기 통제력을 상실한 모습을 볼 수 있습니다. 그 질병은 모든 방면에서 그 불쌍한 희생자를 넘어뜨렸습니다. 이와 같이 우리는 낙심과 의심, 수많은 절망에 사로잡힌 불쌍한 사람들을 때때로 봅니다. 그들은 귀신들, 즉 이 악한 객들을 환영했다기보다는 그것에 희생된 자들입니다. "귀신이 어디서든지 그를 잡으면"(막 9:18)이라고 마가가 기록하듯이, 그렇게 귀신에 사로잡힌 사람들은 거대한 절망에 사로잡힌 사람들입니다.

귀신들은 그들을 마른 땅에서 괴롭힙니다. 그들은 쉬기를 구하지만 안식할 곳을 찾지 못합니다. 그들은 위로 받기를 거부하고, 그들의 영혼은 아픈 사람들처럼 그 어떤 음식도 먹기를 거절합니다. 그들은 우울함과 싸울 힘이 전혀 없어 보입니다. 아무런 저항도 하지 못합니다. 그들은 자기 통제력을 완전히 상실합니다. 그런 경우들이 특이한 것은 아닙니다. 사탄은 구원자가 오기 전에 그 희생자들을 결코 파괴할 수 없다 할지라도, 자신의 때가 얼마 남지 않았다는 것을 알기에, 즉 예수님께서 곧 오셔서 구원하신다는 사실을 알기에 적의를 가지고 그 불쌍한 노예들을 괴롭힙니다.

오늘 본문에 나오는 불쌍한 병자는 끔찍한 고통에 시달리며 입에 거품을 문다든지 땅에 뒹군다든지 소리를 지르며 그 고통을 표현합니다. 그러면서 몸에 상처가 나고 결국 광란에 휩싸인 그는 아무데나 자기 몸을 내던집니다. 그렇게 새로운 상처가 반복해서 생깁니다. 이와 똑같은 경험을 하지 않는 한 어느 누구도 이와 같은 고통을 설명할 수 없을 것입니다.

우리 중에는 나름대로 이런 고통을 겪은 분들이 있습니다. 그야말로 '지옥 같은 고통'입니다. 이때 우리는 우리를 향해 진노하시는 하나님의 손을 느낍니다. 이때는 성경을 읽는 것조차 도움이 되지 않습니다. 성경을 봐도 그 상황에 위로가 될 만한 약속의 말씀을 한 마디도 찾지 못합니다. 오히려 눈에 들어오는 말씀마다 저주로 가득 찬 위협으로 느껴집니다. 아무리 아름다운 구원의 말씀도 "여기로 들어오지 말라. 이 위로는 네 것이 아니다. 이 같은 위로들은 너와 아무 상관이 없다"라고 말하는 것만 같습니다.

우리는 교리와 계명, 약속, 심지어 십자가에 부딪혀 몸에 상처만 입습니다. 기도를 하지만 기도할 때마다 지금의 불행이 더 크게 느껴질 뿐입니다. 심지어 하나님의 은혜의 보좌에도 부딪혀 상처를 입어 우리의 기도가 하나님께 무의미하고 가증스럽게 들릴 뿐이라고 판단합니다. 하나님의 백성들과 함께 예배당에서 예배를 드리기는 하지만, 설교자가 내게 인상을 쓰며 나의 상처를 후벼파거나 거기에 소금을 뿌리고 문지르는 것만 같습니다. 말씀과 기도와 찬송도 우리에게 맞서는 것만 같습니다. 그래서 우리는 전보다 더 침체되고 우울해져서 집으로 돌아옵니다.

여러분 중 누구도 이와 같은 마음의 고통을 겪고 있지 않기를 바랍니다. 이것은 지옥과 다를 바 없으며 가장 끔찍한 고통 가운데 하나이기 때문입니다.

이와 같은 고통을 겪고 있는 사람들은 욥처럼 "그런즉 내가 내 입을 금하지 아니하고 내 영혼의 아픔 때문에 말하며 내 마음의 괴로움 때문에 불평하리이다 내가 바다니이까 바다 괴물이니이까 주께서 어찌하여 나를 지키시나이까 혹시 내가 말하기를 내 잠자리가 나를 위로하고 내 침상이 내 수심을 풀리라 할 때에 주께서 꿈으로 나를 놀라게 하시고 환상으로 나를 두렵게 하시나이다 이러므로 내 마음이 뼈를 깎는 고통을 겪느니 차라리 숨이 막히는 것과 죽는 것을 택하리이다 내가 생명을 싫어하고 영원히 살기를 원하지 아니하오니 나를 놓으소서 내 날은 헛것이니이다"(욥 7:11-16)라고 울부짖습니다. 이런 노예 상태로부터 구원받음이 천사들이 기쁨으로 노래하는 내용이라는 사실로 인해 하나님께 찬송을 올려드립시다.

그러나 어두운 밤이 계속되는 동안에 그것은 정말이지 어둠의 공포가 아닐 수 없습니다. 순교자가 채찍으로 맞고, 쇠사슬에 묶이고, 불로 고통을 당해도, 주님께서 그에게 미소를 지어 주신다면, 그의 고통은 하나님의 진노를 느끼며 고통스러워하는 심령의 상태와 비교해 아무것도 아닐 것입니다.

하나님의 진노를 느끼며 고통스러워하는 사람은 예레미야의 슬픔과 탄식에 동참해 이렇게 외칠 것입니다. "나를 어둠 속에 살게 하시기를 죽은 지 오랜 자 같게 하셨도다 나를 둘러싸서 나가지 못하게 하시고 내 사슬을 무겁게 하셨으며 내가 부르짖어 도움을 구하나 내 기도를 물리치시며 다듬은 돌을 쌓아 내 길들을 막으사 내 길들을 굽게 하셨도다 그는 내게 대하여 엎드려 기다리는 곰과 은밀한 곳에 있는 사자 같으사 나의 길들로 치우치게 하시며 내 몸을 찢으시며 나를 적막하게 하셨도다 활을 당겨 나를 화살의 과녁으로 삼으심이여 화살통의 화살들로 내 허리를 맞추셨도다 나는 내 모든 백성에게 조롱거리 곧 종일토록 그들의 노래거리가 되었도다 나를 쓴 것들로 배 불리시고 쑥으로 취하게 하셨으며"(애 3:6-15).

사람의 심령은 자신의 연약함을 지탱할 수 있습니다. 그러나 상처 입은 심령을 가진 사람이라면 어떻게 자신을 지탱할 수 있을까요?

용서받지 못한 죄로 인해 탄식하고 신음하는 것, 자신의 죄에 합당한 심판을 받는 것에 대해 두려워하는 것, 그리고 영원한 지옥의 불꽃을 두려워하는 것, 이것들로 인해 사람들은 극심한 고통을 느끼고 인생을 짐 지고 가는 길로 생각하게 됩니다.

우리는 본문 이야기에서 때때로 귀신이 사람을 완전히 사로잡아 여러 방향으로 던짐으로써 파멸시키려 한다는 것을 볼 수 있습니다. 본문은 "자주 불에도 넘어지며 물에도 넘어지는지라"(15절)고 말합니다. 깊게 상심한 영혼들의 상황이 그러합니다. 어느 날 그들은 열정과 불안을 주체하지 못하고 불 속에 뛰어듭니다. 그러나 다음날에는 도무지 끌어올릴 수 없을 것처럼 깊은 영혼의 냉담함과 차가움 속으로 가라앉습니다. 어제는 극도로 현명한 듯 보이나, 오늘은 극도로 지혜를 상실한 모습을 보입니다. 그들은 불안정하고 불확실해서 갈피를 잡을 수 없습니다. 그들이 광란의 불에 휩싸여 위험에 빠진 심령으로 보이십니까? 아니요, 몇 분 후 그들은 무관심의 물에 빠져 위험에 처한 것으로 보일 것입니다. 그들은 양극단으로 치닫습니다. 뜨거운 화덕에서 차가운 얼음방을 왔다 갔다 하면서 고통 당하는 연옥의 영혼들과 같습니다.

그들이 오늘 말하는 방식을 보면, 자신을 죄인들의 괴수로 여기고 있다는 생각이 듭니다. 그러나 얼마 안 있어 그들은 모든 종류의 죄책감을 부인합니다. 그들이 한번 말하는 것을 듣고서 '아, 이들은 구주를 만날 때까지 쉬지 않고 기도하겠구나'라고 생각할 수 있습니다. 그러나 점차로 그들은 전혀 기도할 수 없게 되고, 자신들이 주님 앞에 무릎을 꿇는 것은 속임수에 지나지 않는다고 여러분에게 말할 것입니다. 그들은 어디로 튈지 전혀 예측할 수 없습니다. 그들은 날씨보다 더 예측 불가능하고 변덕이 심합니다. 그들은 카멜레온처럼 변합니다. 그들은 도무지 갈피를 잡을 수 없습니다. 그들은 한 달 동안 인간이 보여 줄 수 있는 모습을 뛰어넘습니다. 매일 모습이 달라지는 달보다 더 자주 변하기 때문입니다.

그들의 병은 우리의 수고를 조롱합니다. 그들의 고통은 위로하고자 하는 우리의 모든 노력들을 거꾸러뜨립니다. 오직 예수 그리스도만이 그들을 치료할 수 있습니다. 예수님은 절망적인 병을 치료하는 특별한 기술을 가지고 계십니다. 그 누구도 치료할 수 없는 그들을 치료하는 데서 주님은 큰 기쁨을 발견하십니다.

본문의 딱한 경우에서 가장 심각한 문제는, 아픈 아이가 귀머거리라는 점입니다. 그래서 마가복음에서 주님은 우리에게 "말 못하고 못 듣는 귀신아 내가 네게 명하노니 그 아이에게서 나오고"(막 9:25)라고 말씀하십니다. "말 못하고 벙어리 된 귀신아, 그에게서 나오라." 귀가 들리지 않으니 그와 이성적으로 대화하기란 전혀 불가능합니다. 어떤 말도 그의 닫힌 귀를 통과하지 못합니다. 우리는 고통 당하는 사람에게 부드러운 말을 건넴으로써 그의 고통을 진정시킬 수 있습니다. 그러나 어떤 부드러운 말도 본문의 불쌍한 아이에게 도달하지 못합니다. 그러니 그가 말을 듣고 깨달을 리 없습니다.

우리는 하나님의 약속들을 인용할 수 있습니다. 격려의 말을 해 줄 수 있습니다. 교리를 설명할 수 있습니다. 하지만 그래 보았자 헛수고입니다. 그들은 원점으로 다시 돌아옵니다. 쳇바퀴 도는 다람쥐처럼 앞으로 나가지 못합니다. 제자리를 맴도는 그 사람은 얼마나 불쌍한 자인지요! 그들에게 예수 그리스도를 믿으라고 말하는 것은 그리 어렵지 않습니다. 하지만 설령 그들이 우리의 말을 이해했을지라도 우리는 그 진리를 끝없이 계속해서 설명해야 합니다. 자신을 깨끗하게 하는 보혈에 던지는 것, 예수님의 완성된 구원 사역에 의지하는 것은 아주 분명한 진리입니다. ABC처럼 어린아이도 다 아는 진리입니다. 그럼에도 불구하고 그들에게는 이 모든 것이 분명하지 않습니다.

그들은 우리의 말을 이해하는 것처럼 보이지만 얼마 안 있어 제자리로 돌아옵니다. 그들은 확신하는 것처럼 보이고, 얼마 동안 의심과 두려움을 떨쳐낸 것처럼 보이지만, 30분 정도 지나서 만나 보면 그동안 자신이 벽, 즉 듣지 못하는 벙어리와 대화했음을 알게 될 것입니다. 얼마나 딱하고 안타까운 경우인지요!

자비로우신 주님은 그런 자도 지켜보십니다. 인간의 도움이 무력하기 때문입니다. 인간을 도울 수 있는 전능하신 주님, 귀머거리를 들을 수 있게 하사 자신의 음성을 죽음의 땅에 달콤한 격려로 울려 퍼지게 하시는 하나님께 영광을 돌립시다.

게다가 고통 당하던 그 아이는 말 못하는 벙어리였던 것 같습니다. 즉 그는 귀신에 사로잡혀 있기에 조리 있게 말하지 못합니다. 마귀가 떠날 때 그가 외쳤던 것으로 보아 그에게 언어 능력이 없었던 것으로 보이지는 않지만, 그것은 조리 있는 말은 아니었습니다. 그 소리는 일관성 없이 마구 떠들어 대는 말이었을 뿐입니다. 그것은 소음에 지나지 않았습니다. 그것은 고통에 차서 울부짖는 외침일 뿐 이해할 수 있는 말들은 아니었습니다.

그렇게 말 못하는 사람들이 많습니다. 그들은 자신의 상태를 설명하지 못합니다. 하는 말마다 모순되고 이치에 맞지 않습니다. 그들은 다른 사람들에게 하는 말을 스스로 참되다고 생각하지만 실은 서로 모순되는 거짓말들입니다. 그들의 경험은 모순덩어리입니다. 말은 그들의 경험보다 더 복잡하고 장황합니다. 그들과 오래 대화하는 것 자체가 힘들고 어렵습니다. 인내의 한계를 느끼게 될 것입니다. 누군가가 하는 말이 듣는 사람을 지치게 한다면, 그 말을 하는 사람에게는 얼마나 불행한 상황인지요!

그들도 기도를 합니다만, 그것을 감히 기도라고 부를 수 있을지 모르겠습니다. 그것은 일종의 수다에 불과합니다. 그들은 자신이 얼마나 비참하고 어리석은 사람인지 하나님께 말씀 드린다고는 하지만, 혼동과 혼란에 찬 말을 늘어놓을 뿐입니다. 기도를 마치고 나서도 자신들이 기도했다는 생각이 들지 않을 것입니다. 그것은 고통에 찬 외침이나 울부짖음에 불과합니다. 그것은 조리 있는 말로 해

석될 수 없습니다. 그것은 심령의 심각한 탄식과 신음입니다. 그들은 자기 말이 무슨 의미인지 거의 알지 못합니다.

이 딱한 처지를 상세히 알게 된 지금, 여러분의 마음은 상해 있을 것입니다. 그러나 저는 아직 그 이야기의 끝을 이야기하지 않았습니다. 여러분이 이와 같이 딱한 처지를 전혀 경험하지 않았다면, 그것으로 인해 하나님께 감사하시길 바랍니다. 더 나아가 이런 마음 상태로 고통 당하고 있는 분들을 불쌍히 여기고, 그들을 위해 중보기도 해주시기 바랍니다. 그들의 곤경은 인간의 치료를 넘어서는 것입니다. 그러기에 위대한 치료자 예수 그리스도께서 오셔서 그들의 고통을 치료해 주실 것이라는 소망을 그들에게 주기를 바랍니다.

마가복음 9장 18절에서 아이의 아버지는 아들이 파리해 간다고 주님께 말합니다. 여러 가지의 고통과 무질서로 지쳐 가는 사람이 계속 고통 당하며 잠을 제대로 이루지 못하는 게 아주 당연한 일입니다. 오랫동안 심령이 찢기는 상황에서 무슨 힘이 남아 있겠습니까? 알다시피 낙심과 절망은 영혼을 크게 쇠약하게 합니다. 그것이 심지어 몸을 쇠약하게 하는 것을, 그래서 지친 심령이 결국 다윗처럼 "내 진액이 빠져서 여름 가뭄에 마름 같이 되었나이다"(시 32:4)라고 토로하는 상태가 된다는 것을 저는 잘 압니다.

죄책을 느낀다는 것, 다가올 심판을 두려워한다는 것, 죽음을 두려워하며 장차 올 진노와 죽음을 기다리는 것, 무엇보다도 하나님께

불순종하는 것, 하나님을 향해 쓴 말을 내뱉는 것, 이런 것들은 몸을 썩게 하고, 듣는 사람을 시들게 만듭니다. 존 번연의 책 『죄인 괴수에게 넘치는 은혜』를 읽어 보십시오. 아무리 좋은 것이 와도 보지 못한 채 사막에 황량하게 남겨져 있다가 극적으로 구원받는 사람이 나옵니다. 거기서 우리는 수천 가지의 불신앙으로 요동하고, 항상 쉬지 못하고, 끊임없이 의심으로 고통 당하는 사람의 이야기, 그러나 극적으로 구원받는 사람의 이야기를 볼 수 있습니다.

본문의 딱한 경우에서 가장 안 된 점은, 이런 상황이 수년 동안 계속되었다는 것입니다. 예수님은 그가 얼마나 오랫동안 그런 상태에 있었는지 물었고, 그의 아버지는 '어릴 때부터'라고 대답합니다. 때때로 하나님은, 우리가 이해하지 못하는 이유로, 유혹 받는 영혼의 깊은 고통이 수년 동안 지속되도록 허락하십니다. 얼마나 오랫동안인지 저는 말할 수 없습니다. 그러나 분명히 어떤 사람들은 죽음 직전까지 불신앙과 사투를 벌어야만 했고, 임종 직전에야 극적으로 그들에게 빛이 비쳤습니다. 어둠 속에서 이제 꼼짝없이 죽을 거라고 생각할 때, 성령께서 그들에게 나타나셨습니다. 그렇게 그들은 힘과 위로를 얻었습니다.

청교도들은 주님께서 그분이 선택한 백성을 구원하시는 독특한 방식의 예로 허니우드(Honeywood) 부인의 놀라운 경험을 즐겨 인용합니다. 그녀는 수년 동안 우울과 절망에 사로잡혀 있었습니다. 그러나 거의 기적처럼 하나님의 은혜로운 섭리로 자유를 얻게 되었습니다. 그녀는 아주 약한 베니스제 안경을 쓰고 있었습니다. 그녀는 안경을 바닥에 세게 집어던지면서 "이 안경이 바닥에 떨어져 산산조각 나듯이 나는 분명히 저주받은 인생이야"라고 말했습니다. 그런데 놀랍게도 안경은 전혀 깨지지 않았습니다. 그 상황에서 그녀는 처음으로 한 줄기 빛이 비치는 것을 느꼈습니다. 그러고 나서 나중에 그녀는 주 예수 그리스도에게 자신을 맡겼습니다.

극심한 어둠 속에서 때때로 기이한 빛이 비칩니다. 하나님께서는 발이 착고에 단단히 묶여 있는 지하 감옥에서 죄인을 건져내십니다. 수년간 노예생활을 한 그에게 하나님은 마침내 완전하고 즐거운 자유를 주십니다.

본문의 딱한 처지와 관련해 한 가지 더 말씀 드릴 게 있습니다. 당시에 제자들은 귀신을 쫓아내지 못했습니다. 다른 때에는 귀신을 쫓아내는 데 성공했는데 말입니다. 그들은 주님 되신 예수님에게 "귀신들도 우리에게 항복하더이다"(눅 10:17)라고 말한 적이 있습니다. 그러나 이번에는 명백히 실패했습니다. 그들은 최선을 다했습니다. 귀신을 쫓아내는 이적을 시도한 것을 보면 그들이 믿음을 가지고 있었던 것 같습니다.

그러나 제자들의 믿음은 그런 응급상황을 감당할 만한 믿음이 아니었습니다. 서기관과 바리새인들이 몰려와 그들을 조롱하기 시작했습니다. 제자들에게 기적을 일으킬 능력이 있었다면 그들은 기꺼이 그렇게 했을 것입니다. 그러나 그들은 실패한 채 서 있었습니다. 제자들 앞에 선 불쌍한 아이는 여전히 괴로움을 당하는 상황이었고, 제자들은 그 아이에게 조금의 안식도 주지 못했습니다.

근심에 휩싸인 사람이 수년 동안 예배당에 와서 하나님께 예배를 드리지만 전혀 위로를 얻지 못하는 고통스러운 경우가 있습니다. 고통 당하는 심령이 와서 목회자 또는 성도에게 도움을 구하지만 전혀 도움을 얻지 못합니다. 주변에서 기도를 해주지만 응답을 받지 못하고, 수년 동안 눈물만 흘리는 상황이 계속 됩니다. 다른 사람들에게 영적으로 유익과 위로를 주었던 책들도 그에게는 전혀 유익이 되지 않습니다. 수많은 사람을 회개시켜 주님께 이끌었던 설교와 가르침이 그에게는 선한 영향력을 끼치지 못합니다. 모든 인간적인 시도와 도움은 아무 쓸모 없고, 상심한 불쌍한 영혼을 위로하는 것은 바다의 파도를 잔잔케 하거나 천둥소리를 그치게 하는 일만큼이나 불가능해 보입니다.

그의 심령 속에서 귀신과 성령이 갈등하고 싸우는 가운데 귀신이 적의를 한껏 드러내며 그의 영혼을 최악의 상황으로 몰고 갑니다. 그 상황에서 성령께서는 구원의 능력을 보이사 그 영혼을 그 감옥에서 건져내 주님의 이름을 찬양하게 하십니다. 여러분 중에는 "나는 이런 일을 겪은 적이 한 번도 없어요. 그러니 하나님께 감사드립니다"라고 말하는 불경건한 사람도 있을 것입니다.

여러분, 이 일로 하나님께 감사 드리기 전에 잠시 멈추십시오. 이와 같은 악은 슬퍼할 만한 일이지만, 영적 민감함 없이 지내는 것보다는 차라리 이 모든 것을 겪는 편이 낫기 때문입니다. 사탄이 멸망으로 이끌어 가고 있는데도 많은 사람들이 달콤한 영적 잠에 빠져 있습니다. 여러분, 순탄하게 지옥을 향해 내려가기보다는 두렵고 상처 입은 순례자가 되어 한 걸음 한 걸음 천국을 향해 가는 편이 더 낫습니다. 궁극적으로 하나님께서 간섭해 우리가 믿음을 갖는 자리로 인도되어 기쁨과 평강으로 끝맺음을 할 수 있다면, 내적인 고민과 혼란으로 잠시 괴로움을 당하는 편이 더 낫습니다. 평강이 없는 상황인데도, 그래서 결국 영원히 탈출구가 없는 지옥에 갈 상황인데도, 사람들에게 "평강하다, 평강하다"라고 말하는 것은 말할 수 없이 끔찍한 일이기 때문입니다.

여러분, 안이한 평강에 감사하기보다는 주님 앞에서 두려워 떨게 되기를 바랍니다. 폭풍이 몰려오기 직전에 알프스 정상에는 놀랄 만큼 적막한 고요가 있다고 합니다. 바로 이 끔찍한 고요가 여러분의 것이기에 여러분은 주님 앞에서 두려워해야 합니다. 만물이 고요합니다. 새들은 노래를 멈추고 낮게 날며 두려움 가운데 움츠러듭니다. 꽃들 사이를 노닐던 벌들의 노랫소리도 잦아듭니다. 두려운 적막과 고요함이 시간을 지배합니다. 죽음이 모든 것을 침묵케 하는 것처럼 말입니다.

여러분 아주 가까이에 와 있는 것이 무엇인지 정녕 감지하지 못하신단 말입니까? 곧 천둥이 칠 것입니다. 곧 번개도 치며 강한 불을 내뿜을 것입니다. 땅이 흔들리고, 모든 자연은 폭풍우의 분노 속에서 흔들릴 것입니다. 오! 죄인이여, 바로 이 엄숙한 고요함이 여러분의 것입니다. 그 고요함으로 인해 즐거워하지 마십시오. 폭풍우가 몰려와 여러분을 쓸어 버리고 파멸시킬 것입니다. 마귀에게 영원히 괴로움을 당하느니 차라리 지금 고통 당하는 편이 낫습니다.

유일한 구원자

지금까지 저는 우리 앞에 놓인 딱한 처지에 대해 설명했습니다. 그러나 이제 제가 우리의 유일한 구원자에 대해 일깨워 드릴 때 성령께서 여러분을 도우시길 바랍니다.

  귀신을 쫓아내는 데 실패한 제자들은 당황했습니다. 그러나 주님은 간단하게 "그를 이리로 데려오라"고 외치십니다. 우리는 가능한 한 어떤 수단을 사용해야 하고, 그 수단을 보다 더 효과적으로 만들어야 합니다.

  기도와 금식은 우리를 성령의 능력에 묶어 주는 수단으로 주님께서 말씀하신 것들입니다. 평범한 그리스도인들은 할 수 없는 회개의 역사들이 있습니다. 우리는 비참한 사람들을 치유하고 구원하기 위해 육체적으로 금욕하고, 하나님과 더 친밀한 교제를 나누기 위해 더 많이 기도할 필요가 있습니다. 하나님의 교회가 기도와 금식에 더 많이 전념한다면, 이 불경건한 시대와 싸우는 데 있어 훨씬 더 강해질 것입니다.

두 가지 복음적 규례인 기도와 금식에는 강력한 능력이 있습니다. 먼저, 기도는 우리를 하늘과 연결시켜 줍니다. 금식은 우리를 세상으로부터 분리시켜 줍니다. 기도는 우리를 하나님의 잔치 자리로 인도합니다. 금식은 이 땅의 음식으로부터 자유로워지게 합니다. 기도는 우리에게 하늘의 떡으로 먹고 살게 해줍니다. 금식은 우리 영혼이 썩어 없어질 떡에 얽매이지 않도록 만들어 줍니다. 우리 그리스도인들이 스스로를 영적으로 가장 생명력 있는 수준으로 끌어올릴 수 있다면, 우리 안에 역사하시는 하나님의 성령으로 그동안 기도하지 않고 금식하지 않아서 쫓아내지 못했던 귀신들을 비로소 쫓아낼 수 있을 것입니다.

그러나 기도와 금식으로 무장한 능력 있는 그리스도인이라 할지라도 감당하지 못할 어려움이 있습니다. 그래서 주님이 직접 나서서 도우셔야만 하는 일이 있습니다. 오늘 본문에서 주님은 부드럽게 "그를 이리로 데려오라"고 우리에게 명령하십니다.

이 말씀이 피부에 와 닿기 위해서는 예수님이 지금도 살아 계신 분임을 기억해야 합니다. 이것은 단순하지만 꼭 생각해야 할 진리입니다. 우리는 교회의 목회자들이나 규례, 교인들을 바라보면서 교회의 능력을 평가할 때가 많습니다. 그러나 교회의 능력은 이런 것에 있지 않습니다. 교회의 능력은 성령과 영원히 살아 계시는 구주 예수님께 있습니다. 진실로 예수 그리스도는 죽으셨습니다. 그러나 그분은 지금도 살아 계십니다. 오늘 본문에서 걱정 많은 한 아버지가 주님께 나아갔던 것처럼, 우리도 진실로 예수님께 나아갈 수 있습니다. 기적은 끝났다고들 말합니다. 자연적인 기적은 끝났지만, 영적인 기적은 아직 끝나지 않았다는 말들도 합니다. 어쨌든 우리에게는 두 가지 기적 중 어느 것도 행할 능력이 없습니다. 그러나 그리스도는 어떤 종류의 기적이든 행하실 능력을 가지고 있습니다. 그리고 지금도 그분의 교회 한가운데서 영적인 기적들을 행하실 수 있습니다.

저는 주님을 '살아 계신 그리스도'로 생각하기를 즐겨합니다. 저는 사역 중에 일어나는 사소한 일까지 모두 그리스도께 말씀 드리고 그분과 대화를 합니다. 저는 제 영혼과 다른 사람들의 영혼 속에서 일어나는 모든 어려움을 살아 계시고 우리의 도움이 되시는 주님께 가지고 나갑니다. 그리스도를 죽어서 땅속에 묻혀 있는 분으로 생각하지 마시기 바랍니다! 죽은 자들 가운데서 그리스도를 찾지 마십시오! 예수님은 지금도 살아 계시며, 영원히 살아 계십니다. 본문에서 그랬듯이 주님은 오늘도 우리가 처한 곤경과 딱한 처지를 해결하실 수 있습니다.

또한 예수님께서 권세의 자리에 계신다는 것을 기억하십시오. 이 세상에 계셨을 때, 예수님께서는 귀신들을 쫓아내는 권세를 가지고 계셨습니다. 그런데 지금은 더 큰 권세를 가지고 계십니다. 세상에 계셨을 때, 예수님은 자신이 가지고 있는 충만한 신성함을 덮고 가리셨습니다. 그러나 지금은 그분의 영광이 찬란하게 드러나 있기에 지옥의 모든 존재들도 그분이 위엄 있는 능력을 가지고 계심을 고백합니다. 귀신들이 아무리 강하다 할지라도 예수님께서 말씀하실 때 두려워 떨지 않을 귀신은 하나도 없습니다. 지금도 예수님은 심령의 주님이십니다. 그리스도는 그분의 은밀한 능력으로 우리 마음에 역사하실 수 있습니다. 그분은 우리를 낮출 수도, 높일 수도 있습니다. 우리를 내던질 수도, 올릴 수도 있습니다. 그분에게 어려운 일은 전혀 없습니다.

우리는 문제를 그리스도께 가지고 가기만 하면 됩니다. 그리스도는 지금 권세의 자리에 앉아 계십니다. 그리스도는 우리 마음의 소원을 이루어 주실 수 있습니다. 게다가 우리를 지켜보는 자리에 계시면서 은혜롭게도 여전히 우리의 일에 개입하십니다. '예수님은 교회의 아픔을 보지 못하고 멀리 계시는 분'으로 생각하고픈 유혹을 우리는 받습니다. 그러나 사랑하는 성도 여러분, 본문에서 주님이 산에서 내려와 행하셨던 것처럼, 그분은 지금도 그분의 종들 앞에 놓인 패배와 승리에 동일하게 관심을 기울이고 계십니다.

예수님은 하늘 보좌에서 영적 전투를 지휘하면서 이 세상에 계실 때 그러하셨던 것처럼, 그분의 종들과 사역자들을 살펴보십니다. 그리고 그들이 실패했다고 보시면 자신의 복음을 지키기 위해 즉시 개입해 승리를 이루어 내십니다. 우리는 단지 우리 주 예수 그리스도만 바라보면 됩니다. 예수님은 가나안 땅의 바알처럼 잠들어 있는 분이 아닙니다. 그리스도는 우리의 슬픔과 고통에 무관심하지 않으십니다. 복되신 우리 주님은 구원하시기에 강한 분입니다. 그러니 우리를 괴롭히는 문제들을 가지고 예수님 앞에 나가기만 하면 됩니다. 그러면 그리스도께서 자비하심으로 그 일을 해결하실 것입니다.

또한 우리가 경고 삼아 기억할 게 있습니다. 예수 그리스도는 우리가 자신을 살아 계시고, 강력하며, 개입하시는 분으로 대할 뿐만 아니라 신뢰하기를 기대하십니다.

우리는 믿음이 부족해서 주님이 주시는 축복을 얼마나 많이 놓치고 있는지 모릅니다. 우리는 어떤 사람이 절망적인 상황에 처한 것을 보면, 그 일을 이유로 그리스도를 깎아내리고 그 사람에게도 상처를 줍니다. 문제가 생기면 지레 포기하고 문제를 지속적으로 주님께 가지고 나갈 줄 모릅니다. 우리는 이스라엘의 거룩하신 분을 제한합니다. 하나님의 성령을 근심케 하며 그분의 거룩한 마음을 아프게 합니다. 그러나 어린아이가 아버지를 신뢰하듯이 우리가 아브라함의 믿음을 가지고 지치지 않고 주님을 신뢰하며, 그분이 약속하신 것을 또한 성취하실 것을 믿는다면 우리 앞에 빛이 비치는 것을 볼 수 있을 것입니다. 그러면 슬픔과 탄식 대신에 즐거움의 기름을 받고, 무거운 마음 대신에 찬송의 옷을 입게 될 것입니다.

이제 저는 진지하게 부모와 친척들, 그리고 슬픈 마음을 가진 자녀나 친구가 있는 분들에게 부탁드립니다. 사랑하는 사람들의 문제를 예수님께 맡기고 내드리십시오. 그리스도를 의심하지 마십시오.

그것은 주님의 마음을 아프게 합니다. 주님께 나오기를 주저하지 마시고, 오늘 아침에 사랑하는 사람들이 겪고 있는 고통을 주님께 말씀 드리십시오. 서둘러서 주님께 나아오십시오. 주님 앞에 문제들을 내려놓으십시오. 기도하는 동안에 상황이 나아지기는커녕 더 악화된다 할지라도 주저하지 말고 나아오십시오.

여러분은 영원하고 무한하며 전능하신 하나님의 아들과 대면하고 있습니다. 두려워할 필요도, 의심할 필요도 없습니다. 하나님께서 우리 모두에게 은혜를 베푸셔서 우리가 일상의 모든 어려움들, 특히 영혼의 문제들을 주님 앞에 내려놓을 수 있기를 바랍니다

확실한 결과

마지막으로, 이제 확실한 결과를 말씀 드리려고 합니다. 이것은 아주 중요한 얘기입니다. 아이가(혹은 청년이) 주님 앞에 나왔을 때 그의 상황은 철저하게 절망적이었습니다. 그는 귀머거리였고 벙어리였습니다. 게다가 거품을 물고 뒹굴기까지 했습니다. 그의 아버지는 예수님께 "무엇을 하실 수 있거든 우리를 불쌍히 여기사 도와주옵소서"(막 9:22)라고 말했습니다. 사실 그의 아버지가 그렇게 말할 만도 했습니다. 다른 경우에는 심령들이 예수님의 목소리를 듣고 잠잠해졌습니다. 그러나 이 경우에 주님의 목소리는 아이의 심령에 도달할

수 없었습니다. 그의 귀가 닫혀 있기 때문입니다. 우리 구주 앞에서 이와 같이 철저하게 절망적인 경우도 없었습니다.

그러나 예수님은 잠시도 주저하지 않고 "말 못하고 못 듣는 귀신아 내가 네게 명하노니 그 아이에게서 나오고 다시 들어가지 말라"(막 9:25)고 더러운 귀신에게 말씀하셨습니다. 그리스도는 귀신을 쫓아낼 권세를 가지고 계십니다. 귀신들은 이에 감히 불순종하지 못합니다. 이어서 주님은 "다시 들어가지 말라"고 말씀하셨습니다. 이와 같이 주님은 치료하실 때 영원히 치료하십니다. 주님이 일단 영혼을 감옥에서 건져내시면, 그 영혼이 다시 감옥으로 들어가는 일은 결코 일어나지 않습니다. 주님이 "내가 용서하노라"고 말씀하시면, 그 죄는 영원히 용서됩니다. 주님이 평강을 말씀하시면, 그 평강은 중단되지 않고 흐르는 강처럼 끊임없이 흘러 결국 영원한 사랑의 바다에 도달합니다.

아이의 상황 자체는 치료하기에 절망적이었지만, 예수님께서 치료의 손길을 펴시자 확실히 치료되었습니다. 오늘 아침에 상하고 낙심한 여러분, 여러분이나 제가 할 수 있는 건 아무것도 없습니다. 그러나 주님이 못 하실 일은 아무것도 없습니다. 오늘 아침에 주님께 자신을 드리십시오. 그러면 주님께서 한 번 말씀하심으로 여러분에게 평강을 주실 것입니다. 다시는 깨지지 않고 영원히 계속될 평강을 주실 것입니다. 그 평강은 여러분이 영원한 안식에 들어갈 때까지 지속될 것입니다.

그렇게 승리가 자명한데도 불구하고, 처음에 그리스도의 말씀은 완고하게 배척을 받습니다. 사탄은 하나님의 큰 진노를 받았습니다. 그래서 자기의 때가 얼마 남지 않은 것을 잘 압니다. 사탄은 울부짖기 시작하며, 자신의 악한 능력을 불쌍한 아이에게 쏟아부어 그 아이를 마치 죽은 것처럼 쓰러지게 만듭니다. 그렇습니다. 예수님께서 우리를 징계하시기 때문이 아니라 사탄이 예수님께 대항하기 때문에, 처음에는 그리스도의 목소리가 사람을 예전보다 더 괴롭게 만드는 것처럼 보이는 일이 종종 벌어집니다. 불쌍한 심령은 죽은 것처럼 절망 속에 누워 있을 수 있습니다. 그것을 보고서 주변 사람들은 "그가 죽었다"라고 말할 것입니다.

그러나 그때 주님의 부드럽고 사랑 어린 치료의 손길이 임하면서 죽은 것처럼 보였던 사람이 살아날 것입니다. 스스로를 죽은 자로 여기고 있다면, 마지막 희망이 사라졌다면, 더 나아가 당신 앞에 두려운 심판 외에 아무것도 없는 것처럼 보인다면, 예수님께서 개입하사 상황을 고치실 때가 바로 그때입니다.

이 진리를 기억하십시오. 주님께서 고치시지 못할 상황은 없습니다. 우리는 상황이 끝났다고 생각해도 주님께는 전혀 그렇지 않다는 것을 믿으십시오. 가장 끔찍한 죄와 가장 깊은 절망도 예수님의 능력 앞에서는 아무것도 아닙니다. 지옥의 입 속에 있다 할지라도 그리스도는 여러분을 끄집어내실 수 있습니다. 죄가 여러분을 지옥 문으로 끌고 가서 얼굴에 지옥의 불꽃이 어른거린다 할지라도, 여러분이 예수님을 찾고 바란다면 주님은 여러분을 구원하실 것입니다. 죽음의 문턱에 있을 때에라도 주님께 나아온다면, 주님은 영원한 자비로 여러분을 환영하실 것입니다. 상황이 이러한데도 사탄은 뻔뻔스럽게도 사람들을 절망케 하려고 안간힘을 씁니다. 그렇습니다. 사탄이 그렇게 하는 것은 그의 사악한 뻔뻔함에 기인합니다.

우리를 치료할 수 있는 전능하신 하나님을 우리가 소유하고 있는데 절망한다는 게 말이 됩니까? 하나님의 아들이 죄인들을 위해 보혈을 흘려 주셨는데 절망한다는 게 말이 됩니까? 하나님께서 자비를 베풀어 우리를 기뻐하시는데 절망한다는 게 말이 됩니까? "수고하고 무거운 짐 진 자들아 다 내게로 오라 내가 너희를 쉬게 하리라"(마 11:28)는 말씀이 은종소리처럼 울리는데 절망한다는 게 말이 됩니까? 영생이 있는데, 자비의 문이 넓게 활짝 열려 있는데 절망한다는 게 말이 됩니까? 우리의 죄가 주홍 같을지라도 양털같이 희어질 것이요, 흰 눈같이 희어질 것이라며 자비의 전령들이 우리를 초청하는데 절망한다는 게 말이 됩니까?

다시 한 번 권고합니다. 지옥의 그 뻔뻔한 자가 죄인들에게 절망이라는 생각을 집어넣으려 안간힘을 쓰고 있습니다. 그렇다고 그리스도께서 죄인을 구원하시지 못하겠습니까? 그런 일은 결코 있을 수 없습니다. 그리스도께서 사탄과 죄에 패하실 수 있을까요? 그것은 불가능합니다. 위대한 의사인 주님께서 치료하시기에 지나치게 많은 질병을 가진 죄인이 있을 수 있습니까? 분명하게 말씀 드립니다. 인간의 모든 질병이 우리 안에 있고, 인간의 모든 죄가 우리 안에 쌓여 있고, 가능하다고 생각되는 모든 신성모독과 살인과 간음과 음란과 모든 죄악을 우리가 저질렀을지라도, 하나님의 아들이신 예수님의 보혈이 우리를 모든 죄에서 정결케 하십니다. 주님만 신뢰한다면, 주님이 받으시기에 합당한 신뢰와 확신을 드린다면, 주님은 지금도 우리를 구원하실 것입니다.

사랑하는 여러분, 왜 주저하십니까? 왜 의심하십니까? 왜 의구심을 갖고 주님께 나오기를 머뭇거리십니까? 주님의 팔에 안기십시오. 주님은 거절하시지 않습니다. 주님이 직접 "내게 오는 자는 내가 결코 내쫓지 아니하리라"(요 6:37)고 말씀하셨습니다.

사랑하는 여러분, 주님이 여러분을 회개시키사 구원하시지 않는다면, 저는 여러분을 주님께 인도하기에 무력한 존재입니다. 여러분에게 진리를 말하는 것은 설교자인 제 일입니다. 그러나 주님께서 성령으로 능력 있게 여러분에게 임하시지 않는다면, 여러분이 제 설교를 듣지 않고 거절하실 것을 저는 잘 압니다.

주님께서 오늘 여러분에게 오셔서 여러분 안에 있는 악한 귀신에게 "더러운 귀신아, 그에게서 나오고 다시는 들어가지 말라. 그를 자유롭게 놓아 주라. 내가 나의 보혈로 그를 구원했노라"고 말할 수 있기를 바랍니다. 사랑하는 성도 여러분, 제 설교가 오늘 아침에 심히 미약하고 부족하더라도, 그럼에도 불구하고 하나님께서 제 설교를 사용하시어 지옥 문이 열리고, 포로된 자들이 자유를 얻게 되기를 간절히 기도합니다. 주님께서 여러분의 존귀한 이름을 위해 그렇게 복 주시기를 바랍니다. 아멘.

묵상과 기도

1. 살다보면 때론 감당하기 힘든 고난을 맞이할 때가 있습니다. 당신의 삶에도 그런 순간이 있었습니까?

2. 고난의 시간에 당신을 지탱해 주고 가장 힘이 되어 주었던 것은 무엇입니까?

3. 예수님은 멀리 높은 곳에 떨어져 계시는 분이 아니라, 지금 내 삶 속에서 나와 대화하며 나를 돕는 인격체로 살아 계신 분입니다. 그런 예수님께 나아가지 못하게 막는 장애물이 있다면 무엇입니까? 그것은 당신의 외부적 요인입니까, 아니면 내부적 요인입니까?

6장_ 성령 충만과 영광의 소망

1886년 6월 13일 주일 아침
No.1904

소망이 우리를 부끄럽게 하지 아니함은
우리에게 주신 성령으로 말미암아 하나님의 사랑이
우리 마음에 부은 바 됨이니(롬 5:5).

오순절은 모든 성도의 심령 속에서 반복됩니다. 본문을 뒷받침해 주는 한 가지 역사적인 사건을 들어 그 사실을 유추해 보고자 합니다.

제자들은 주님의 십자가 사건으로 인해 슬픔에 빠졌습니다. 주님의 죽음과 장례를 생각할 때마다 그들에게 말할 수 없는 고통이 찾아들었습니다. 그러나 얼마간의 인내 후 그들의 소망은 다시 살아났습니다. 주님께서 죽음에서 부활하셨고, 하늘로 올라가시는 것을 보았기 때문입니다. 그들의 소망은 영광 가운데로 들어가신, 그리고 다시 오셔서 그들을 그분이 거둔 승리의 참여자로 만들어 주겠다고 약속하신 주님으로 인해 밝게 빛났습니다. 그런 소망이 내면에서 잉태된 후 그들은 얼마 안 있어 성령을 받았습니다. 그리고 성령의 능력으로 충만해지고 그로 인해 담대해졌습니다. 그들은 자신들이 가지고 있는 소망을 부끄러워하지 않게 되었습니다. 베드로와 다른 제자들의 설교를 통해 그 소망을 전파했습니다. 성령이 임하자 그들은 두려움 없이 그들이 지닌 영광의 소망, 곧 주 예수님을 세상에 전파했습니다.

진실로 역사는 반복됩니다. 우리 주님의 역사는 그분의 모든 백성들이 장차 경험하게 될 일의 본이 됩니다. 맏아들 되신 주님께 일어난 일은 그분의 모든 형제들에게도 동일하게 일어납니다. 오늘 본문에서 그 놀라운 한 예를 발견할 수 있습니다.

먼저, 환난과 고난 그리고 십자가가 우리에게 찾아옵니다. 그런 일을 겪으며 인내하다 보면 적절한 때에 이르러 우리는 복된 소망을 가지게 됩니다. 결국 우리는 주님의 부활 생명으로부터 생기를 얻고 슬픔에서 빠져나오게 됩니다. 주님께서 재앙의 무덤에서 우리를 일으키십니다. 그런 후에 성령이 찾아오십니다. "우리에게 주신 성령으로 말미암아 하나님의 사랑이 우리 마음에 부은 바 됨이니"라는 본문의 말씀처럼, 그때 우리는 각자의 오순절을 경험합니다. 우리는 지금 이 말씀의 의미를 알고 또한 누리고 있습니다. 성령께서 오심으로써 우리의 소망은 분명해지고 확신이 됩니다. 이어서 우리는 소망 되시는 예수 그리스도를 담대하게 증거하는 사람이 됩니다.

우리 가운데 많은 이들이 이 소망을 부끄러워하지 않는다는 사실을 저는 압니다. 다른 분들도 그렇게 되시기를 바랍니다. 우리 하나님은 자비 가운데 찾아와 그분의 자녀들에게만 주시는 선물인 성령을 우리에게 부어 주셨습니다. 우리 안에 거하게 된 성령으로 인해 우리는 하나님의 사랑을 알고 느낄 수 있게 되었습니다. 그래서 지금 말하지 않으면 견딜 수 없는 심정으로 주님께서 우리에게 알려 주신 것들을 다른 사람들에게 고백합니다. 이와 같이 작은 차원에서 우리는 저마다의 신앙사 안에서 초대 교회의 역사를 반복합니다. 사실 이 경우뿐 아니라 모든 경우에 있어 성도의 삶 속에서 그리스도의 삶이 반복됨을 볼 수 있습니다. "우리의 형상을 따라 우리가 사람을 만들자"고 처음에 말씀하셨던 하나님께서 여전히 진행 중인 새 창조 가운데서 그리스도의 형상(model)을 따라 선택하신 그분의 사람들을 새롭게 창조하고 계십니다.

이제는 체험적 신비를 지닌 본문에 대해 말씀 드리고자 합니다. 로마서 5장 3-5절에는 성도의 내적 삶이 담긴 작은 지도가 그려져 있습니다. "환난은 인내를, 인내는 연단을, 연단은 소망을 이루는 줄 앎이로다 소망이 우리를 부끄럽게 하지 아니함은 우리에게 주신 성령으로 말미암아 하나님의 사랑이 우리 마음에 부은 바 됨이니."

그 의미는 이 말씀을 마음속에 새긴 하나님의 백성들만이 온전히 이해할 수 있습니다. 바울 사도는 "환난은 인내를 이룬다"고 말함니다. 그러나 세상의 눈으로 보면 그렇지 않습니다. 환난은 조급함을 만들어 냅니다. 조급함은 경험의 열매를 보지 못합니다. 그러다 결국 절망으로 이어집니다. 사랑하는 자녀를 장례 치렀거나 재산을 잃었거나 질병에 시달리는 많은 사람들에게 물어보십시오. 그러면 대개는 "고통으로 인해 어쩔 수 없이 하나님의 섭리에 대한 반발, 그분을 향한 원망과 분노, 불신 그리고 그와 비슷한 류의 악이 생겨난다"라고 말할 것입니다.

그러나 성령으로 심령이 새롭게 된 사람은 전혀 다른 태도를 갖습니다! 그에게 환난은 인내를 만들어 냅니다. 환난을 당해 본 적 없는 사람은 인내를 배울 수 없습니다. 천사들은 개인적으로 인내를 나타낼 수 없는데, 이는 그들이 고난 당할 수 없는 존재이기 때문입니다. 인내를 소유하고 자기 것으로 만들려면 시련을 겪어야 합니다. 강한 인내는 강한 시련을 통해서만 얻을 수 있습니다.

욥의 인내를 알고 계실 것입니다. 욥이 양떼나 가축을 거느리고, 자녀들이 잔치를 벌이면서 즐거워할 때 인내를 배웠습니까? 아닙니다. 욥은 재 가운데 앉아 있고, 기와조각으로 자기 몸을 긁고, 자녀들의 죽음으로 인해 마음이 무거웠을 때 인내를 배웠습니다. 인내는 고난의 깊은 바닷속에서만 찾을 수 있는 진주입니다. 오직 은혜만이 인내가 그곳에 있음을 알고, 그것을 건져 올려 믿음의 목에 걸어 줄 수 있습니다.

인내는 또한 우리 안에 연단(experience)을 만들어 냅니다. 인내하면 인내할수록 더욱 하나님의 신실함과 사랑과 지혜를 맛볼 수 있다는 얘기입니다. 인내해 본 적이 없는 사람은 자신을 지탱해 주는 은혜의 능력을 머리로는 알지언정 결코 체험하지는 못합니다. 하나님이 우리 인생의 선장이심을 경험하려면 반드시 바다로 나가야 합니다. 바람과 파도를 잔잔케 하시는 하나님의 능력을 경험하려면 반드시 풍랑을 만나 어려움을 겪어야만 합니다.

예수님께서 잔잔케 하실 폭풍우가 없는데 어떻게 그분의 전능한 능력을 목격할 수 있겠습니까? 인내를 통해 우리는 우리 안에 있는 하나님의 신실하심과 사랑과 능력과 진리를 알게 됩니다. 먼저 인내하는 가운데 주님 앞에 엎드려야 합니다. 그런 다음에야 하늘로부터 오는 지원을 받는 행복한 체험을 할 수 있습니다. 그런 체험을 많이 해서 연단받는 것보다 더 큰 재산이 또 있을까요?

우리는 경험을 통해 배웁니다. 경험은 하나님의 자녀들에게 학교와 같습니다. 고난의 회초리 없이 무언가를 제대로 배울 수 있다고 저는 생각지 않습니다. 자신이 직접 경험해 보아야 가장 확실하게 배울 수 있습니다. 진리를 체험적으로 알기 위해서는 고난의 인두를 갖다 대야 합니다. 그렇게 해서 진리를 알게 되면 어느 누구도 우리를 흔들지 못합니다. 우리의 심령에 주 예수의 표가 생겼기 때문입니다. 이와 같이 인내는 경험과 연단을 이루어 냅니다.

이어서 "연단은 소망을 이룬다"라고 한 사도 바울의 말이 참으로 놀랍습니다. 문제가 있다는 의미에서 놀랍다는 것은 물론 아닙니다.

하나님의 신실하심과 사랑을 체험해서 아는 사람이 가지고 있는 소망만큼 밝은 소망도 없기 때문입니다. 큰 환난과 슬픈 고난, 고통스러운 징계가 밝고도 특별한 빛, 소망의 샛별, 영원한 영광의 날의 전조가 된다는 사실이 정녕 놀랍지 않습니까? 사랑하는 성도 여러분, 하나님의 연금술을 통해 무가치한 것만 같은 금속에서 정금이 나오는 과정이 정말 놀랍지 않습니까? 주님은 은혜롭게도 환난이라는 타작 마당에 휴식 의자를 가져다 놓으셨습니다. 그곳에서 우리도 보아스처럼 휴식을 취합니다. 주님은 시련의 홍수에서 나는 굉음을 음악으로 바꾸십니다. 슬픔의 바다에서 부서지는 포말로부터 "우리를 부끄럽게 하지 않을 소망"의 밝은 빛을 만들어 내십니다.

오늘의 설교 본문은 신령한 성도의 내적인 삶을 요약하고 있습니다. 이것은 성도의 신비에 속한 부분입니다. 본격적으로 살펴보기 전에, 이 본문이 바로 하나님의 집이요, 천국의 문이 되고 있음을 짚어 드리고 싶습니다. 삼위일체 하나님을 예배하는 성전이 여기에 있습니다. 5절과 6절을 함께 읽겠습니다.

> 소망이 우리를 부끄럽게 하지 아니함은 우리에게 주신 성령으로 말미암아 (아버지) 하나님의 사랑이 우리 마음에 부은 바 됨이니 우리가 아직 연약할 때에 기약대로 그리스도께서 경건하지 않은 자를 위하여 죽으셨도다.

이 구절에서 나타난 복된 삼위일체 하나님이 보이십니까? 그리스도인이 되는 데는 삼위일체 하나님이 필요합니다. 그리스도인을 격려하는 데는 삼위일체 하나님이 필요합니다. 그리스도인을 온전케 하는 데는 삼위일체 하나님이 필요합니다. 그리스도인 안에 영광의 소망을 만들어 내는 데는 삼위일체 하나님이 필요합니다. 우리를 삼위일체 하나님께로 가까이 이끄는 이 말씀들이 저는 언제 보아도 좋습니다. 잠시 멈춰 서서 삼위일체 하나님께 영광을 돌립시다.

태초로 지금까지
또 길이 영원무궁히
성삼위께 영광을 돌립니다.
아멘.

우리가 이 시간에 하는 것처럼 삼위 하나님께 예배를 드리도록 부르심을 받고, 예배하고 싶은 마음을 느끼는 것은 가장 영광스러운 일입니다. 우리는 믿음으로 영광의 보좌 앞에서 구속받은 모든 성도들과 함께 절하며 영원히 살아 계신 하나님을 예배합니다. 우리를 구원하신 삼위 하나님의 구원 역사를 생각할 때마다 삼위 하나님을 향한 예배가 우리 심령 속에서 얼마나 우러나오는지요! 우리는 성부 하나님으로부터 받았고, 성자 하나님의 죽음 가운데서 나타났으며, 성령으로 우리 마음에 부어진 삼위 하나님의 사랑을 소유하고 있습니다. 이 순간에 삼위 하나님과 신령한 교제를 나눈다는 것은 정말이지 영광스러운 일입니다! 여호와 하나님의 거룩하신 위엄 앞에 엎드려 경배하며 성령의 조명과 가르침을 받아 오늘 본문의 성전 속으로 들어갑시다.

오늘 본문은 이렇게 이어집니다. "소망이 우리를 부끄럽게 하지 아니함은 우리에게 주신 성령으로 말미암아 하나님의 사랑이 우리 마음에 부은 바 됨이니." 사도 바울은 영광의 소망에 도달해서야 성도의 내적 삶이라는 주제를 매듭짓습니다. 사도 바울은 성도의 내적 삶의 절정인 소망에 이르자 소망에 관해 덧붙여 말하지 않고는 견딜 수 없는 심정이 됩니다. 사도 바울의 글 쓰는 습관이 종종 그러한 것처럼, 이제 그는 주제에서 벗어나 성도들의 소망에 관한 몇 가지 빛나는 진리를 제공합니다.

그 첫 번째는 우리의 소망에 대한 확신이 될 것입니다. 두 번째는 그런 확신을 갖는 이유가 될 것입니다. 저는 여러분 모두가 그런 확신을 누리고 계시기를 소원합니다. 하나님께서 우리에게 주신 성령으로 말미암아 그분의 사랑이 우리 심령에 부어졌기 때문에, 우리가 그 소망으로 인해 결코 실망하지 않을 것을 확신합니다. 세 번째로, 그렇게 소망을 확신함으로써 이루어진 결과를 한두 가지 살펴볼 것입니다. 소망을 확신한 결과 우리는 세상에 그리스도를 증거하게 되었고, 그리스도의 복음을 부끄러워하지 않는다고 선포할 수 있게 되었습니다.

우리의 소망을 확신함

먼저, 소망을 확신함에 대해 생각해 보겠습니다. 우리는 이 소망을 부끄러워하지 않습니다. 어떤 사람들은 소망이란 것이 아예 없거나 부끄러움을 면치 못할 소망만 가지고 있습니다. 성경을 부인하는 많은 사람들에게 미래에 대해 어떤 소망을 가지고 있는지 물어보십시오. 그러면 그들은 "개들과 다름없이 죽겠죠. 죽으면 그걸로 끝이 아닌가요?"라고 대답할 것입니다.

제가 그와 같이 천박한 소망을 가지고 있다면 굳이 그것을 말하기 위해 전 세계에 선교하러 다니지는 않을 것입니다. 지금처럼 많은 회중 앞에 설 일도 없을 것입니다. "사랑하는 성도 여러분, 저와 같이 즐거워합시다. 우리는 모두 개나 고양이와 다를 바 없이 죽게 될 테니까요"라고 말할 필요를 느끼지 못하기 때문입니다. 그것은 영광스럽게 자랑할 거리가 전혀 되지 못합니다. 무신론자는 아무것도 알지 못합니다. 그렇기에 소망할 거리도 없습니다. 여기서 우리의 열정을 일깨울 만한 것은 하나도 없습니다. 그런 소망을 가지고 있다면 부끄러움을 당해도 마땅합니다.

가톨릭 신자들은 죽을 때 가장 큰 소망이 천국에 들어가는 것입니다. 그런데 그 과정에서 연옥의 정화시키는 불을 맛보아야 한다고 생각합니다. 저는 연옥이라는 장소에 대해 많이 알지 못합니다. 성경에서 연옥에 관한 언급을 찾아보지 못했기 때문입니다. 그러나 그

용어를 만들었기에 연옥에 대해 잘 알고 있는 사람들은 연옥을 신앙심 깊은 주교와 추기경들마저도 가야 하는 두려운 곳으로 묘사합니다. 한 경건한 추기경이 돌아가시자 가톨릭교회가 교인들에게 그의 영혼의 안식과 영면을 위해 기도를 요청하는 모습을 본 적이 있습니다. 가톨릭교회의 경건한 지도자들의 운명이 그러하다면 일반 신도들은 도대체 어디로 가겠습니까?

그들이 가지고 있는 소망에는 자랑할 만한 게 전혀 없습니다. "우리 함께 기뻐합시다. 죽으면 우리 모두 연옥으로 갈 테니까요"라고 여러분에게 말씀 드리는 제 모습이 상상되십니까? 우리는 여기서 기뻐할 만한 특별한 이유를 발견할 수 없습니다. 제가 연옥에 대해 더 많이 얘기해야 한다고 생각지 않습니다. 누군가가 그것에 대해 묻는다면, 저는 그저 깊은 신비에 속한 문제라고 대답할 것입니다.

지금 육체적으로는 그리스도와 따로 있지만, 영으로는 주님과 함께 있는 우리 그리스도인들은 우리가 가지고 있는 소망을 부끄러워하지 않습니다. 우리는 하나님이 설계자요 건축자 되신 터가 있는 한 도시를 바라보고 있습니다. 우리는 영광과 영원함, 영생에 대해 우리가 가지고 있는 소망을 부끄러워하지 않습니다.

또한 우리의 소망이 목적하는 바도 부끄러워하지 않습니다. 우리는 세상의 육체적인 즐거움으로 가득 찬 천국을 믿지 않습니다. 이슬람이 믿는 것처럼 감각적이고 선정적인 즐거움으로 가득 찬 낙원을 믿지 않습니다. 그렇게 믿는다면, 마땅히 우리의 소망을 부끄러

위해야 할 것입니다. 천국에 대해 어떤 이미지를 사용하든지 간에 우리는 거짓 선지자들이 추종자들을 낚을 미끼로는 결코 사용하지 않을 이미지, 즉 순결하고 거룩하고 신령하며 정결한 행복에 대해 생각합니다. 우리의 소망은, 주님이 모든 거룩한 천사들과 함께 이 세상에 다시 오신다는 것, 그때 의인들이 하나님 아버지의 나라에서 해처럼 빛나게 된다는 것입니다. 주님이 다시 오시기 전에 우리가 잠자게 된다면, 우리는 주님 안에서 잘 것이며 주님과 함께 축복받게 될 것을 믿습니다.

"오늘 네가 나와 함께 낙원에 있으리라"는 주님의 약속은 단지 예수님의 십자가 옆에 매달렸던 강도뿐만 아니라 자신의 영혼을 십자가의 구주에게 맡긴 모든 이들에게 해당합니다. 주님이 다시 오시면 우리는 영광스러운 부활에 참여할 것입니다. 주님이 하늘로부터 천사장의 나팔소리와 하나님의 소리와 함께 다시 강림하실 때, 우리 영혼은 몸과 조화를 이루도록 회복될 것이며, 온전히 부활한 우리의 전인(全人)은 그리스도와 함께 영원히 살게 될 것입니다. 우리는 그날 이후로 주님과 함께 영원히 살게 될 것을 믿습니다. 주님은 우리를 그분의 보좌와 면류관과 천국에 영원토록 참여케 하실 것입니다. 약속된 축복에 대해 생각하면 할수록, 우리가 이 영광스러운 소망을 부끄러워할 이유가 전혀 없습니다. 우리는 믿음에 대한 궁극적인 상, 의로운 삶에 주어지는 궁극적인 상을 바라보며 기뻐하고 즐거워할 수 있습니다.

우리의 영광스러운 소망에는 순결함과 온전함, 모든 죄로부터의 자유, 성령의 열매를 맺는 일들이 포함됩니다. 우리는 우리가 완전한 주님을 닮게 되고, 주님이 계신 곳에서 그분과 함께 거하면서 그분의 영광을 보게 될 것을 소망합니다. 우리의 소망은 "이는 내가 살아 있고 너희도 살아 있겠음이라"(요 14:19)는 약속이 성취되는 가운데 완성될 것입니다. 우리는 단지 존재할 뿐만 아니라 살게 될 텐데, 이것은 보다 높은 차원의 생명입니다. 우리의 생명은 영원토록 하나님의 생명이 될 것입니다. 우리는 이 소망을 부끄러워하지 않습니다. 오히려 이 소망을 잡으려고 열심히 달려갑니다.

게다가 우리는 우리 소망의 근거를 부끄러워하지 않습니다. 그 소망은 하나님의 선지자들과 사도들, 그리고 마지막으로 그분의 아들 예수 그리스도 안에서 우리에게 알려지고 확증된 하나님의 엄숙한 약속에 근거합니다. 예수 그리스도께서 죽은 자 가운데서 부활하셨기에, 믿음으로 그리스도와 연합해 하나된 우리도 죽은 자 가운데서 다시 부활해 그리스도와 함께 살 것을 확신합니다.

그리스도께서 부활하신 사실은 우리가 부활할 것에 대한 보증입니다. 예수님께서 영광 가운데 하늘에 들어가심은 우리 또한 영광스러운 존재가 되어 하늘에 들어가게 될 것을 확증해 줍니다. 우리는 하나님의 목적과 은혜로 그리스도와 하나가 되었기 때문입니다. 우리가 아담 안에 있음으로써 아담 안에서 타락한 것처럼, 이제는 그리스도 안에 있기 때문에 그리스도와 함께 다시 살고 왕 노릇할 것입니다. 하나님은 죽은 자의 하나님이 아니라 산 자의 하나님이십니다. 즉 하나님이 아브라함과 이삭과 야곱의 하나님이신 것처럼 아브라함과 이삭과 야곱은 지금도 살아 있습니다. 이와 같이 우리는 그리스도 안에서 죽은 성도들이 더 이상 존재하지 않는 게 아니라 오히려 살아서 그리스도와 함께 있는 것을 믿습니다.

우리의 소망은 영혼 불멸과 의인이 미래에 받을 보상을 희미하게나마 입증해 주는 이성적 추론에 근거하지 않습니다. 우리의 소망은 구원을 명백하게 증거하고 의문의 여지가 없는 계시의 말씀에 근거합니다. 만약 성경 말씀이 거짓이라면 우리의 소망은 폐기되어야 하겠지요. 그러나 우리는 교묘하게 만들어진 이야기를 믿는 게 아니라 우리 주님의 부활과 승천을 목격한 신실한 증인들의 증거를 받았기 때문에 성경을 믿으며 우리의 소망을 부끄러워하지 않습니다. 하나님께서 우리에게 약속하신 것은 확실합니다. 하나님께서 그리스도 안에 행하신 구원 역사가 그 약속이 확실함을 확증합니다. 그러므로 우리는 결코 두려워하지 않습니다.

사랑하는 성도 여러분, 우리는 이 소망을 소유하는 것에 대해 부끄러워하지 않습니다. 누군가가 조롱하듯이 이렇게 말할지도 모릅니다. "당신 같은 사람이 영광스럽게 되기를 기대한다고? 정말로?" 그렇습니다. 우리는 정말 그렇게 되기를 기대합니다. 우리는 그런 비난과 조롱을 받는 것을 부끄러워하지 않습니다. 우리의 확신에는 굳건한 근거가 있기 때문입니다.

우리의 기대는 우리가 자격 있는 사람이라는 교만한 자랑이 아니라 신실하신 하나님의 약속에 근거합니다. 주님은 "믿는 자는 영생을 가졌나니"(요 6:47)라고 말씀하십니다. 우리는 그분을 믿습니다. 그러므로 우리가 영생을 가지고 있음을 압니다. 주님은 또한 "의롭다 하신 그들을 또한 영화롭게 하셨느니라"(롬 8:30)고 선포하십니다. 우리는 믿음으로 의롭다 함을 받았습니다. 그러므로 영화롭게 될 것입니다.

우리의 소망은 느낌에 근거하지 않습니다. 우리의 소망은 하나님께서 그분의 아들 예수님을 믿는 자들에게 영생을 주신다는 사실에 근거합니다. 우리는 주님께서 "아버지여 내게 주신 자도 나 있는 곳에 나와 함께 있어 아버지께서 창세 전부터 나를 사랑하시므로 내게 주신 나의 영광을 그들로 보게 하시기를 원하옵나이다"(요 17:24)라고 기도하시는 것을 들었습니다. 우리는 아버지께서 우리를 예수님에게 주셨기에 우리가 예수님을 믿게 되었다고 믿습니다.

믿음은 우리가 하나님께 선택받았음을 보여 주는 증표입니다. 그러므로 그리스도의 것인 우리는 주님이 계신 곳에 주님과 함께 있게 될 것을 기대합니다. "이는 그를 믿는 자마다 멸망하지 않고 영생을 얻게 하려 하심이라"(요 3:16)는 말씀을 읽을 때, 우리는 그 약속을 붙잡으며, 또한 우리가 영생을 가지고 있음을 압니다. 이것은 우리에게 아주 논리적인 주장으로 들립니다. 즉 하나님의 말씀은 거짓일 수 없기에 우리가 영원히 살게 될 것을 소망하는 것은 진리입니다.

하나님의 말씀은 그 무엇보다 확실합니다. 그러기에 우리는 하나님의 말씀에서 비롯된 그 어떤 주장도 굳게 붙잡는 걸 부끄러워하지 않습니다. 우리는 하나님께서 우리와 다른 모든 성도들에게 하신 말씀을 지키실 것을 굳게 믿습니다.

사랑하는 성도 여러분, 우리는 우리의 소망이 실현될 것이라는 절대적 확실성을 굳게 믿습니다. 우리가 정말 믿음으로 의롭다 함을 얻어 하나님과 화평을 이루었다면 우리를 결코 부끄럽게 하지 않을 영광의 소망이 우리에게 있다고 믿습니다. 우리는 버림받거나 중도에 타락해 은혜에서 떨어지지 않을 것을 믿습니다. 주님께서 "내가 결코 너희를 버리지 아니하고 너희를 떠나지 아니하리라"(히 13:5)고 말씀하셨기 때문입니다. 우리는 구원이 우리에게 달려 있지 않음을 압니다. 만약 그렇다면 우리의 구원은 파멸하고 말겠지요. 그러나 우리는 우리 안에 선한 일을 시작하신 주님께서 그리스도의 날까지 그 일을 이루실 것을 굳게 믿습니다. 우리는 우리 안에 소망을 주신 주님께서 장차 적절한 때에 이 소망을 이루실 것을 확신합니다.

우리가 살 날이 많이 남아 있을지라도 주님은 인생의 여정 가운데서 우리를 보호하고 지켜주실 것입니다. 우리가 얼마 안 있어 죽는다 할지라도, 주님은 우리 안에 산 소망을 누리게 하실 것입니다. 우리가 죽어 무덤 속에 있을 때에도 주님은 우리의 진토를 기억하실 것입니다. "다른 어떤 피조물이라도 우리를 우리 주 그리스도 예수 안에 있는 하나님의 사랑에서 끊을 수 없으리라"(롬 8:39).

성경에는 "믿고 세례를 받는 사람은 구원을 얻을 것이요"(막 16:16)라고 또 기록되어 있습니다. 정녕 이런 성도는 구원의 길에서 벗어나 탈락하거나 중간에 멸망하지 않습니다. "나를 경외함을 그들의 마음에 두어 나를 떠나지 않게 하고"(렘 32:40). 주님은 자기 백성들의 발걸음을 지키십니다. "내가 그들에게 영생을 주노니 영원히 멸망하지 아니할 것이요 또 그들을 내 손에서 빼앗을 자가 없느니라"(요 10:28).

예수 그리스도를 신뢰하기에 우리가 부끄러움을 당하는 일은 결코 없을 것입니다. 어느 누구도 "주님이 나를 지켜 주실 것이라고 믿었는데 지켜 주지 않으셨다. 나를 보존해 달라고 주님께 의뢰했는데 나를 보존하지 않으셨다"라고 말할 수 없을 것입니다. 우리는 우리의 소망으로 인해 결코 부끄러움을 당하지 않을 것입니다.

소망을 확신하는 이유

이제 우리가 소망을 확신하는 이유에 대해 생각해 보겠습니다. 이 복된 소망을 소유한 성도들이 부끄러움을 당하기는커녕 그 소망 안에서 즐거워하는 이유는 무엇입니까?

제 대답은 이렇습니다. 첫째, 그 소망은 많은 근거를 가지고 있는데, 특히 하나님의 사랑에 근거하기 때문입니다. 저는 언젠가 제 자신이 천사들 가운데 거하면서 사랑하는 주님의 얼굴을 보게 되리라고 믿습니다. 그렇게 믿는 이유는 제 안에 있는 무엇이나 제가 이룬 무엇 때문이 아니라 하나님의 무한한 사랑에 있습니다. 저는 하나님을 향한 제 믿음도 신뢰하지 않습니다. 오히려 저를 향한 하나님의 사랑으로 인해 그 소망을 바라봅니다. 하나님께서 먼저 우리를 사랑하셨기에 우리가 하나님을 사랑하는 것입니다. 우리를 향한 하나님의 사랑은 진실해 우리를 실망케 하지 않을 것이기에 소망이 성취되리라고 우리는 확신합니다.

우리의 모든 소망이 시작되는 지점도 하나님의 사랑입니다. 우리의 모든 소망이 달려 있는 것도 하나님의 사랑입니다. 아버지의 사랑이 없었다면 은혜의 언약도 없었을 것입니다. 하나님의 무한한 사랑이 없었다면 속죄 제사도 드릴 필요가 없었을 것입니다. 하나님의 능동적인 사랑이 없었다면, 성령께서 우리를 새롭게 하심도 없었을 것입니다. 하나님의 불변한 사랑이 없었다면, 우리 안에 있는 선한 구원도 전혀 없었을 것입니다. 전능하고 영원한 사랑이 없었다면, 멀리 떨어져 있는 약속의 땅에서 아름다운 왕의 얼굴을 보게 되리라는 소망을 우리는 가지지 못했을 것입니다.

주님은 우리를 사랑하십니다. 우리를 인도하고 먹이며 지키십니다. 우리의 마음이 이 사실을 알고 고백하고 있지 않습니까? 그 사랑이 잠시라도 흔들리거나 중단된다면 우리가 어떻게 소망이라는 것을 가질 수 있겠습니까? 우리는 소망의 최종 이유를 하나님의 사랑에 두고 있습니다.

사랑하는 성도 여러분, 본문을 잘 보십시오. 우리가 소망을 확신하는 실제 이유는 성령께서 우리 마음에 하나님의 사랑을 부어 주셨기 때문입니다. 그 말이 무슨 뜻인지 설명해 보겠습니다.

성령은 모든 성도들의 마음속에 계십니다. 성령은 은혜로운 역사를 많이 행하십니다. 특히 자신이 거하는 성도의 마음속에 하나님의 사랑을 부어 주십니다. 비유를 하나 들어보겠습니다. 방에 상자가 하나 있는데, 그 안에는 아름다운 향수가 담겨 있습니다. 아직 어느 누구도 그 향기를 맡은 적이 없는 귀한 향수입니다. 우리 영혼 안에 부어진 하나님의 사랑이 바로 그와 같이 귀한 향기입니다. 향수가 우리 심령 안에 부어져야 비로소 우리는 그 향기를 맡을 수 있습니다.

이제 성령께서 향수 상자를 열자 하나님의 사랑인 아름다운 향기가 쏟아져 나오면서 성도의 심령을 가득 채웁니다. 그 사랑이 성도의 전 존재에 스며들어 곳곳을 가득 채웁니다. 장미 기름이 쏟아져 나오자 아름다운 향기가 온 방을 가득 채웁니다. 독실하고 신앙심 깊은 심령이 하나님의 사랑을 묵상할 때에도 성령께서 그의 묵상을 도우사 그 주제가 그의 심령과 기억과 상상과 애정을 가득 채우도록 하십니다. 향기를 좁은 공간에 가둬 둘 수 없듯이 우리는 그 사랑을 우리 마음에만 가둬 둘 수 없습니다.

또한 향수가 코를 자극해 즐거움을 주듯이 성령의 능력으로 우리의 심령에 부어진 하나님의 사랑도 우리의 감정에 아름다운 정서를 선사합니다. 사랑의 주님 옷에서 온갖 진귀한 향내가 납니다. 하나님의 사랑이 아니면 어디서 그런 향기를 맡을 수 있겠습니까? 영원하고 무한하신 하나님께서 진실로 성도를 사랑하시되, 성경에 기록된 구원의 역사를 모두 행할 정도로 그들을 사랑하신다는 것은 놀라운 진리입니다. 그것은 온전한 기쁨의 백합화를 피워 내는 뿌리요, 거하는 자마다 즐거워하는 상아 궁전입니다. 우리는 그 사랑을 묵상하다 황홀해져 자신도 모르는 사이에 아미나답의 병거(왕자의 수레)에 올라탄 자와 같이 될 것입니다(아 6:12).

좀 더 말하자면, 향기가 퍼져 나가는 곳마다 거기에 있는 모든 사람들에게 기쁨을 줄 뿐만 아니라 그곳에 머물기도 합니다. 향수가 한번 쏟아지고 나면 그 방에서 향수를 치워도 여전히 아름다운 향기가 남습니다. 어떤 향기는 상당히 오래 갑니다. 라벤더 향기가 잠시라도 서랍에 머물렀더라면 그 서랍에서는 계속 향기가 날 것입니다. 넓은 방 안에 장미 기름을 한두 방울만 떨어뜨려도 그 향기는 오랫동안 그 방에 남아 있을 것입니다.

성령께서 부어 주신 하나님의 사랑도 이렇게 영원히 우리 마음속에 머물러 있습니다. 다른 모든 것이 사라져도 하나님의 사랑은 우리 심령 속에 영원히 머뭅니다. 우리가 바쁘게 일상생활을 하다가 잠시 하나님의 사랑을 잊을 수는 있습니다. 그러나 일상의 부담에서 벗어나면 다시 하나님의 사랑 속에서 안식을 취합니다. 하나님의 사랑에서 풍겨 나는 황홀한 향기가 죄의 악취를 덮어 버립니다. 하나님의 사랑이 얼마나 아름답고 귀한지 알게 된 심령 속에서 그 사랑은 결코 사라지지 않습니다.

비유를 하나 더 들어 보겠습니다. 성령이 우리 심령에 부어 주신 하나님의 사랑은 빗줄기를 폭포수같이 퍼부어 세상의 모든 식물과 꽃을 생기 있게 하고 자라게 만드는 비구름과 같습니다. 비가 한 차례 내리고 나면 수증기가 은은하게 하늘로 피어올라 새로운 흰구름을 만들어 냅니다. 이와 같이 하나님의 사랑이 우리 심령에 부어지면, 우리 영혼은 그 사랑을 마시고 새 생명을 얻어 기쁨과 거룩함의 열매를 맺습니다. 그리고 감사하는 우리의 찬송이 차츰차츰 여호와의 제단에서 피어오른 향기처럼 하나님께 올라갑니다. 하나님의 사랑이 마음에 부어질 때, 결국 그 사랑은 하나님을 향한 우리의 사랑이라는 열매로 우리 심령에 나타나는 것입니다.

성령께서 우리 심령에 하나님의 사랑을 부어 주신다는 것은 또한, 그 사랑에 대해 무한히 감사하는 마음을 주시는 것과 같습니다. 우리는 그 사랑을 듣고, 믿고, 묵상합니다. 그러다 마침내 그 사랑의 위대함에 압도됩니다! "하나님이 세상을 이처럼 사랑하사 독생자를 주셨으니"(요 3:16). 우리는 측량할 수 없는 그 사랑에 매료되어 결국 경이와 찬미가 가득한 사람이 됩니다. 그 사랑의 위대함, 독특함, 특별함과 무한함, 그 모든 것들에 우리는 놀라지 않을 수 없습니다. 그런 사랑이 우리 심령에 부어질 때 우리 안에서 감탄이 저절로 흘러나옵니다. 그래서 "나를 사랑하사 나를 위하여 자기 몸을 버리신 하나님의 아들"(갈 2:20)이라고 외치게 됩니다. 하나님의 사랑이 모든 일반인들을 향한 사랑일 뿐만 아니라 특별히 나 자신을 위한 사랑임을 깨닫기 시작합니다. 그러니 기쁘지 않을 수 없습니다. 나를 향하신 하나님의 특별한 사랑으로 인해 우리는 기뻐서 춤을 춥니다.

하나님의 사랑이 참된 것을 우리의 믿음이 인식하면, 우리는 큰 소리 나는 제금으로 주님을 찬양하게 됩니다. 그런 다음 인간의 합당한 반응이 따릅니다. 즉 주님이 우리를 먼저 사랑하셨기에 우리가 주님을 사랑하는 것입니다. 예전에는 하나님의 사랑을 의심한 적이 있었지만 이제는 의심하지 않습니다. "네가 나를 사랑하느냐"(요 21:15)라는 질문을 세 번 받는다면, 우리는 겸손하게 그러면서도 강하게 이렇게 대답할 것입니다.

"모든 것을 아시는 주님, 제가 주님을 사랑하는 것을 아시지 않습니까! 저는 주님을 사랑하지 않고는 살 수 없습니다. 주님을 사랑하지 않고 사느니 태어나지 않는 것이 낫습니다. 제가 아직 마땅한 모습으로 주님을 사랑하지 못하고, 훨씬 더 큰 사랑을 갈구하고 있지만, 그래도 저는 행함과 진실함으로 당신을 사랑합니다. 제가 주님을 사랑하는 것을 주님은 아십니다. 이 사실을 부인한다면 저는 제 양심에 거짓말하는 자가 될 것입니다."

이것이 성령이 우리 심령에 부어 주신 하나님의 사랑을 소유하는 것입니다. 우리는 그 사랑을 알고, 누리고, 그 안에서 즐거워하며, 그 사랑의 거룩한 영향력에 사로잡힙니다. 주님께서 복 주사 이 향기 다발이 우리 영혼의 방에서 결코 사라지지 않도록 만들어 주시기를 바랍니다.

또한 저는 사도 바울을 사로잡았던 그 사랑의 특별한 향기를 여러분이 주의 깊게 보시기를 바랍니다. 사도 바울은 계속해서 자신을 사로잡은 진리에 대해 말합니다. 그는 "우리가 아직 연약할 때에 기약대로 그리스도께서 경건하지 않은 자를 위하여 죽으셨도다"(롬 5:6)라고 말합니다. 이것이 우리가 생각해 보아야 할 첫 번째 사실입니다. 하나님은 자신의 아들을 보내어 경건치 아니한 자를 위해 죽게 하셨습니다. 하나님께서 하나님 자신을 사랑하는 자를 사랑하신다는 것, 거룩함을 추구하는 그분의 새로워진 백성들을 사랑한다는 것은 정말로 기쁜 일입니다.

그러나 가장 압도적으로 영광스러운 사실은 우리 안에 선한 것이 조금도 없었을 때 하나님께서 우리를 사랑하셨다는 것입니다. 하나님은 세상의 기초를 놓기 전부터 우리를 사랑하셨습니다. 우리가 타락해 길을 잃게 될 것을 미리 아시고, 사랑으로 자신의 아들을 보내어 우리 죄인들을 대신해 죽도록 결정하셨습니다. 우리가 선하기 때문이 아니라 악하고 죄인이기 때문에 예수님은 이 세상에 오셨습니다. 그리고 우리의 의를 위해서가 아니라 죄를 위해 자신을 속죄 제물로 드리셨습니다.

하나님께서 우리를 사랑하신 근원적인 이유는, 우리 안에 있거나 있을 것으로 예지된 탁월한 그 무엇 때문이 아닙니다. 단지 사랑의 하나님께서 그렇게 하기를 기뻐하신 덕분입니다. 사랑은 하나님 그분으로부터 나온 것입니다. 그 사랑은 몹시도 위대하기에 "하나님은 우리가 타락한 존재인 것을 보셨음에도 불구하고 우리를 사랑하셨습니다."

우리가 하나님을 미워할 때 그분은 우리를 사랑하셨습니다. 우리가 그분을 대적했을 때, 저주했을 때, 그분의 백성들을 핍박했을 때, 그리고 그분의 길을 비방했을 때, 하나님은 우리를 사랑하셨습니다. 이 얼마나 놀라운 사실입니까! 바로 그러한 진리를 성령께서 우리 마음에 깨닫게 하사 그 힘을 느끼게 해주셨습니다! 저는 이 사랑을 여러분 앞에 적절하게 제시하거나 여러분 안에 부어 드릴 수 없습니다. 그 일은 오직 성령만이 하실 수 있습니다. 그럴 때 비로소 여러분의 심령은 겸비하여 지존하신 하나님 앞에 존귀와 찬송을 올려 드릴 수 있습니다!

사도 바울은 우리에게 이러한 요점을 제시하는 것으로 만족하지 않습니다. 그는 잊지 않고 그리스도께서 우리를 위해 죽으셨다는 사실을 일깨워 줍니다. 사랑하는 성도 여러분, 하늘에 계신 그리스도께서 우리를 사랑하셨다는 것은 놀라운 일입니다. 그리스도께서 하늘에서 이 땅에 내려와 베들레헴에서 태어나셨다는 것은 더욱 놀라운 일입니다. 그리스도께서 우리를 위해 순종의 삶을 사셨다는 것도 놀라운 일입니다. 그런데 그리스도께서 죽으셨다는 사실이야말로 그분이 치른 사랑의 희생 제사에서 절정을 이룹니다. 사랑이라는 알프스 산의 정상에 선 것입니다. 알프스 꼭대기에서 내려다보는 멋진 경치에 우리는 한두 번쯤은 놀라겠지만 곧 식상함을 느낄 것입니다. 그러나 그리스도의 십자가는 우리 안에서 계속해서 자라갑니다. 그것에 대해 알면 알수록 우리는 그 깊이를 측량하지 못합니다.

사도 바울에게 갈보리의 속죄 제사는 경이로움 그 자체였습니다. 하나님께서 직접 인간의 본성을 입으셨다는 것, 그분의 대적이었던 우리를 구원하기 위해 인간이 되어 죽으셨다는 것은 성령께서 우리에게 알려 주시지 않는다면 결코 믿을 수 없는 놀라운 일입니다. 전적으로 기적 같은 일입니다. 성령께서 깨달음을 부어 주실 때까지 그 사실을 심령에 담아 두고 파고들며 알고자 한다면, 이것과 비교해 우리가 달리 알고, 믿고, 경탄할 만한 것이 없음을 느끼게 될 것입니다. 그 무엇이 그리스도의 십자가보다 더 가치가 있겠습니까? 우리가 무슨 공부를 한다고 할지라도 십자가에 못 박히신 구주를 아는 지식보다 더 고상한 학문은 없습니다.

이어서 사도 바울은 우리가 화목되었은즉 주님이 우리를 얼마나 더 사랑하시겠냐고 말합니다. 사도 바울은 우리가 대적이었을 때도 하나님께서 우리를 사랑하셨는데, 이제 하나님과 화목되어 친구가 된 마당에 우리를 사랑하심이 얼마나 더 확실하겠느냐고 말합니다. 우리가 원수 되었을 때 예수님께서 우리를 위해 죽으셨다면, 그의 사심으로 우리를 구원하실 수 있는 지금, 예수님께서 우리에게 그 어떤 것을 주시길 마다하겠습니까? 예수님께서 자신의 죽음으로 우리를 화목케 하셨다면, 자신의 사심으로 우리를 구원하실 것이 분명합니다. 예수님께서 적들을 화목케 하기 위해 죽으셨다면 분명히 화목케 된 자들을 보존하실 것입니다.

사도 바울이 지금 어떻게 논증을 펼쳐 가고 있는지 그 맥락이 보이십니까? 그가 이어가는 말들마다 우리가 영광의 소망을 붙잡을 때 그 소망으로 인해 부끄러움을 당할 일이 결코 없는 이유가 가득 차 있습니다. 크신 하나님께서 우리로 하여금 그분의 위대한 사랑을 알게 하실 때 우리는 모든 의심과 두려움을 떨쳐 버릴 수 있습니다. 우리는 과거에 하나님께서 우리에게 베푸신 사랑에 근거해, 미래에도 그분이 우리를 절대 쫓아내지 않으시리라고 추론할 수 있습니다. 우리를 위해 죽으신 주님이 우리를 버리신다는 게 말이 됩니까? 우리의 구원을 위해 보혈을 흘리신 주님이 우리를 잃어버리신다는 게 말이 됩니까? 스스로 죽으심으로써 우리의 속죄를 이루어 주신 주님이 우리를 향해 "저주를 받은 자들아 나를 떠나라"(마 25:41)고 말씀하시는 게 말이 됩니까? 그것은 도무지 불가능한 일입니다!

주님은 변하지 않으시는 분입니다. 우리의 소망은 어제도 이제도 영원토록 동일하신 예수 그리스도의 변하지 않는 사랑에 근거합니다. 성령께서 우리 마음에 하나님의 사랑을 부으시면 그 어떤 것도 우리를 그 사랑에서 끊을 수 없음을 우리는 확신합니다. 우리가 그 사랑에서 끊어질 수 없기에 우리의 영광스러운 소망 역시 영원한 하나님의 보좌만큼이나 확실합니다.

여기서 더 나아가 사도 바울은 11절에서 우리가 "이제 우리로 화목하게 하신 우리 주 예수 그리스도로 말미암아 하나님 안에서 또한 즐거워"한다는 사실을 일깨워 줍니다. 우리는 이미 하나님과 하나된 것을 느낍니다. 예수 그리스도의 속죄 제사를 통해 우리는 하나님과 평화를 누리고 있습니다. 우리는 하나님을 사랑합니다. 하나님과 우리의 원수 관계는 끝났습니다. 우리는 하나님을 즐거워하며, 하나님을 영화롭게 하길 원합니다. 이제 화목하게 되었다는 이 즐거운 감격은 우리가 장차 영광을 누릴 것에 대한 만족스러운 보증입니다. 영광의 소망은 예수 그리스도에 의해 하나님과 화목한 심령 속에서 활활 타오릅니다.

우리가 이제 하나님과 화목하게 되어 주님이 원하시는 자가 되고 주님이 원하시는 행동을 하기를 갈망하는 한, 우리는 우리 안에 천국의 시작을 가지고 있는 것이며, 완전한 구원의 날의 여명을 소유한 것입니다. 은혜는 싹이 난 영광입니다. 하나님과의 화목은 온전한 거룩함과 온전한 행복의 씨앗입니다.

우리가 행복의 지배를 받는다면, 주님의 마음에 합한 것 외에 그 어떤 것도 바라지 않는다면, 우리는 주님이 우리를 맞이들였다는 것, 우리가 우리 안에 주님의 생명을 소유하고 있다는 것, 그리고 장차 주님의 영광에 참여하게 될 것을 확신할 수 있습니다. 대적들을 자신의 귀한 친구로 삼으신 주님께서 이 은혜로운 구원의 목적과 사역이 실패하도록 놔두지 않으실 것입니다. 그러므로 우리는 우리의 소망을 부끄러워하지 않습니다.

이 요점과 관련해 한 가지 더 생각해 보겠습니다. 사도 바울이 하나님의 사랑과 그 사랑이 우리 심령에 부어진 것뿐만 아니라 그 일을 이루신 성령에 대해 말한다는 점을 주목해 보십시오. 우리 심령에 하나님의 사랑이 부어진 것은 우리에게 오신 성령께서 이루신 사역입니다. 우리가 사탄의 영향을 받아 하나님의 사랑에 사로잡히게 되는 일이 가능할까요? 나의 타락한 성품으로 하나님의 사랑을 아는 충만한 기쁨을 누리는 일이 가능할까요? 스스로 판단해 보십시오!

심령 속에 하나님의 사랑이 부어진 사람들은 의심 없이 "이것은 하나님의 손길로 이루어진 일입니다. 성령께서 내 속에서 이 큰 일을 행하셨습니다"라고 말합니다. 성령이 아닌 그 무엇도 이 일을 행할 수 없습니다. "제가 열심히 주님의 사역을 할 수 있음을 하나님께 감사 드립니다!"라고 말하는 사람이 있습니다. 이 말은 얼핏 신실하게 들릴지 모르지만, 어쩌면 그 사람은 하나님의 사랑을 한 번도 느껴 본 적 없는 심령일 수도 있습니다. 우리는 설교를 함으로써 하나님의 사랑을 알릴 수 있습니다만, 그 사랑을 사람의 심령에 부을 수는 없습니다. 설교자보다 더 높은 영향력을 지닌 존재만이 인간의 심령을 만질 수 있습니다. 그래야 여러분이 방에 혼자 있거나 거리를 걸어갈 때 하나님의 사랑이라는 멋진 향기가 여러분의 영혼 속으로 슬며시 들어갈 수 있습니다.

하나님의 사랑은 얼마나 놀라운지요! 아버지의 사랑은 얼마나 측량할 수 없고 헤아릴 수 없는지요! 우리 영혼이 그 사랑으로 불탈 때까지 그 사랑을 느끼고, 우리의 냉랭한 심령이 주님을 행한 사랑으로 활활 타오를 수 있다는 것은 얼마나 놀라운 일인지요! 성령 외에 이것을 누가 할 수 있겠습니까? 성령의 은사와 부르심이 후회하심 없는 하나님의 값없는 선물이 아니면 우리가 어떻게 그것을 받을 수 있겠습니까?

하나님은 주었다가 빼앗는 분이 아닙니다. 하나님의 선물은 영원히 우리의 것입니다. 하나님께서 우리에게 성령을 선물로 주셨다면, 성령은 곧 하나님의 사랑을 보증하는 담보가 아니겠습니까? 신약 성경이 성령을 가리켜 장래의 유업에 대한 계약금이라고 묘사하지 않습니까? 계약금은 계약 전체에 대한 보증이 아니던가요? 성령은 성경에 인 치신 바와 같고 성령 없는 성경은 무효가 아니던가요? 성령은 우리 안에 거하시면서 우리에게 영원한 기쁨의 보증이 되십니다. 성령의 거하심으로 은혜가 내린 곳에는 반드시 영광이 따라오게 되어 있습니다. 우리가 천국에 들어가 영원히 주님의 얼굴을 바라보며 살 때까지 성령께서 우리 마음속에 들어와 그곳을 거처로 삼고 거하실 것입니다.

소망의 결과

마지막으로, 이 확실한 소망의 결과에 대해 생각해 보겠습니다. 문맥을 따라가 봅시다.

첫째, 이 확실한 소망이 있을 때 우리는 내적인 기쁨을 느끼게 됩니다. 하나님의 위대한 사랑을 맛보고 영광의 소망이 자신을 결코 실망시키지 않을 것을 아는 사람은 한밤중에도 일어나 음악을 들을 것입니다. 그가 어디를 가든지 산과 언덕이 그 앞에서 무너져 노래가 될 것입니다. 특히 환난의 때에 그는 "하나님의 영광을 바라고 즐거워하는 자"가 될 것입니다. 가장 깊은 고난에 빠졌을 때 그에게 가장 깊은 위로가 찾아들 것입니다. 바로 그때 하나님의 사랑이 '위로자'이신 성령으로 그의 마음속에 계시될 것이기 때문입니다.

그때 그는 하나님의 징계가 자비에서 비롯되었고, 그의 상처도 하나님 아버지의 사랑 가운데 있고, 그의 고통과 아픔도 하나님의 은혜로운 섭리 안에 있음을 깨닫게 될 것입니다. 고난 중에 있을 때 우리는 비로소 하나님처럼 지혜로워집니다. 바로 그때 하나님은 우리가 받아들일 수 있는 선한 역사를 이루십니다. 사랑하는 성도 여러분! 그때가 되면 우리는 우리를 기쁘게 해줄 금과 은을 찾지 않을 것입니다. 건강도 찾지 않을 것입니다. 오직 하나님의 사랑을 알고 느끼기를 원할 것입니다. 그렇게 기쁨의 샘이 우리 안에서 터져 나옵니다. 즉 우리는 기쁨의 잔치에 참여하게 됩니다.

그래서 우리는 담대하게 소망을 고백하는 은혜를 누릴 수 있습니다. 그리스도인들은 세상에 자신이 가지고 있는 소망의 기쁨을 충분히 보여 주지 못할 때가 종종 있습니다. 최고의 옷이 있어도 입지 않고, 주님을 섬기는 기쁨을 충분히 말하지 못하며, 우리 주님께서 장차 우리에게 주실 상에 대해서도 제대로 말하지 못합니다. 소망을 부끄러워하고 있는 양 우리는 침묵합니다. 하나님께서 만드신 이 세상에서 가장 행복한 사람이 될 이유를 가지고 있으면서도 계속해서 탄식까지 합니다.

혹시 우리가 심령에 하나님의 사랑이 부어지는 경험을 충분히 하지 못한 것은 아닌가 해서 저는 두렵습니다. 향기가 우리 속에 있다면 주변 사람들이 그 향을 알아차릴 것입니다. 향수 공장 앞을 지나는데 향기가 나지 않겠습니까? 세상이 우리의 즐거운 소망의 향기를 맡을 수 있도록 합시다. 특히 우리를 가장 많이 조롱하는 사람들에게 알게 해줍시다. 그런 사람일수록 그 향기에 감명받을 가능성이 크기 때문입니다.

이제 갓 신앙을 갖게 된 한 새신자가 불신자 친구에게 자신이 받은 위대한 구원과 기쁨의 원천에 대해 이야기하는 편지를 썼습니다. 편지를 읽은 불신자 친구는 코웃음을 치며 그의 편지를 한쪽으로 치워 놓습니다. 그러나 잠시 후 생각에 잠깁니다. '어쩌면 이 편지에 귀한 것이 들어 있을 수 있어. 나는 이 친구가 말하는 기쁨에 대해 아는 바가 전혀 없잖아. 사실 내 삶은 메말랐고 기쁨이라고는 찾아

볼 수 없지. 이 친구가 누리는 기쁨이 내게도 절실해.'

일부 그리스도인들이 생각하듯 세상 사람들은 그렇게 바보가 아닙니다. 그들은 자신의 가슴속에 불안이 있음을 압니다. 그들은 공허한 이 세상이 줄 수 있는 것보다 더 나은 것에 굶주려 있습니다. 그래서 기쁨이 어디에 있는지 알게 되면 바로 그것을 받아들이는 일이 종종 일어납니다. 설령 굶주려 있지 않다 하더라도 우리가 맛있게 먹는 모습을 보면 식욕이 돋을 것입니다.

탕자의 비유에서 종들은 가장 좋은 옷을 가져다가 돌아온 아들에게 입히고, 그의 손가락에 반지를 끼우고, 신발을 신기라는 명령을 받았습니다. 그러나 아버지는 종들에게 아들을 데려다가 먹이라고는 말하지 않았습니다. 다만 "우리가 먹고 즐기자"라고 말했습니다. 아버지는 다른 사람들이 보는 데서 아들을 위해 잔치를 베풀 때 어떤 영향력이 생기는지 알았던 것입니다. 하나님의 가족에 속하는 우리가 행복한 교제를 나누며 먹고 마실 때, 배고픈 사람들이 그 모습을 본다면 우리와 함께 먹고 싶다는 마음을 갖게 될 것입니다.

그러므로 영광의 소망을 가진 사랑하는 성도 여러분, 소망을 부끄러워하지 않는 우리의 모습을 모든 사람들에게 보여 줍시다. 기꺼이 다른 사람들에게 구원의 미끼가 되어 줍시다. 우리가 부르는 행복한 삶의 노래를 듣는 사람들마다 예수 그리스도께 나오도록 합시다!

주님께서 은혜를 베푸사 우리 심령 속에 부으신 사랑을 주변에

널리 퍼뜨리시기를 바랍니다. 또한 우리 심령 속의 향기가 가정과 직장, 대화와 삶의 모든 영역마다 퍼져 나가기를 바랍니다! 그래서 진정 우리가 참된 경건을 즐거워하고, 소망을 부끄러워하지 않으며 자랑하는 사람들이 되기를 바랍니다!

묵상과 기도

1. 당신의 소망은 막연한 기대감입니까 아니면 확신입니까? 소망을 확신할 때 우리의 삶은 어떻게 달라집니까?(그리스도를 증거함, 복음을 부끄러워하지 않게 됨…)

2. 당신의 소망을 견고히 해주는 성경 말씀이 있습니까? 이 장에는 그런 말씀이 많이 나오고 있습니다. 본문 중에서 골라 보십시오.

3. 하나님이 우리 인간을 사랑하시는 근본적인 이유는 무엇입니까? 그 이유는 당신에게 어떤 의미가 있습니까?

〈좋은씨앗〉은 하나님의 말씀입니다. 이 말씀이 좋은 마음밭에 떨어져 하나님의 나라가 확장되고, 예수 그리스도를 본받아 그 향기를 품은 성령의 사람들이 세상에 넘쳐나길 기대합니다. 그래서 백 배, 육십 배, 삼십 배의 결실을 맺기를 소망합니다. 〈좋은씨앗〉은 이와 같은 소망을 품고 출판 사역으로 하나님께 쓰임 받기를 기도합니다.

말씀 그리고 오늘의 삶 2
네 하나님께 닻을 내려라

초판 1쇄 인쇄 | 2014년 9월 23일
초판 1쇄 발행 | 2014년 10월 1일

지은이 | 찰스 스펄전
옮긴이 | 김병길
펴낸이 | 신은철
펴낸곳 | 좋은씨앗
출판등록 | 제4-385호(1999. 12. 21)
주소 | (137-886) 서울시 서초구 효령로 77길 20, 212호
전화 (02)2057-3041 팩스 (02)2057-3042
www.gsbooks.org
facebook.com/goodseedbook

ISBN 978-89-5874-231-9   03230